① 学而·为政

我喜欢《论语》了！

KaDa故事/编著

毛红艳 编　韦明晶 绘

U0612468

中国农业出版社

农村读物出版社

北　京

图书在版编目（CIP）数据

太喜欢《论语》了！. 学而·为政 / KaDa故事编著
. — 北京 ：中国农业出版社，2023.6
ISBN 978-7-109-29805-7

Ⅰ．①太… Ⅱ．①K… Ⅲ．①儒家②《论语》－少儿
读物 Ⅳ．①B222.2-49

中国版本图书馆CIP数据核字（2022）第141196号

中国农业出版社出版

地址：北京市朝阳区麦子店街18号楼
邮编：100125
责任编辑：靳文玲
书籍设计：刘彦博　　　责任校对：吴丽婷　　　责任印制：王宏
印刷：北京华联印刷有限公司
版次：2023年6月第1版
印次：2023年6月北京第1次印刷
发行：新华书店北京发行所
开本：787mm×1092mm　1/20
总印张：18
总字数：320千字
总定价：198.00元（全10册）

《学而》篇章解读

  《学而》是《论语》的第一篇。为什么用"学而"作为篇名呢？因为《学而》的第一句话是"学而时习之"。用开篇的第一句话或第一个词语给文章拟定标题的方式在古代的书中很常见，《论语》所有篇章的标题都是以这样的方式拟定的。

  《学而》主要讲学习和道德修养。孔子认为人不仅要学习知识，还要学习做人。怎样才能学好知识和做人呢？孔子提出了很多方法，比如经常复习，向学习好的人请教，多和品行好的人交往等。

  孔子认为，学习是为了明白事理，人只有明白事理，才会成为孝敬父母、努力工作、忠于君主、忠于朋友的君子。

  现在，就让我们去看看孔子是如何勤奋学习的吧！

　　从前，有个小孩叫孔丘（qiū）。
孔丘 3 岁的时候爸爸就去世了，妈妈
只好一个人带着他生活。为了能过上
好日子，妈妈每天从早到晚忙得脚不
沾（zhān）地。孔丘怕累坏妈妈，常
常跟在妈妈身边帮忙。

　　妈妈非常重视孔丘的教育，一有时间就教他读书识字，给他讲祖先的故事，还时常教导他做人要善良正直。在妈妈的教导下，孔丘养成了良好的品德，也非常好学。

由于从小刻苦学习，长大后孔丘成了大学问家，人们尊称他为"孔子"。但孔子从不骄傲，到了五十岁，他还向鲁国著名的音乐家师襄（xiāng）学弹琴。

　　师襄很高兴，就教了孔子一首曲子。孔子反复练习了好久，师襄觉得他已经弹得很好了，可以学习新曲子了，孔子却说："不行不行，我只是掌握了指法，节奏还没有掌握好呢！"

过了一段时间，师襄来到孔子家，还没进门就听到了节奏流畅的琴声，他大声称赞道："您节奏掌握得很好啊，可以学习新曲子了。"

　　孔子连连摇头说："这首乐曲中的情感和意境，我还没有领会呢！"

　　一个月后，师襄又来听孔子弹琴。他边听边点头说："弹
得太好了！现在您可以开始练习新曲子了吧？"
　　孔子却叹了口气说："唉，我还想象不出作曲人的样子呢！"

　　孔子把这首曲子弹了一遍又一遍。有一天，他弹奏完，忽然眼睛一亮，高兴地对师襄说："我知道啦！这是一个有深邃思想的人，这是一个很乐观、目光远大的人，这是一个好像抱有统一四方志向的人。他……他一定是周文王！"

周文王 姬昌

　　师襄听了离开座席，站起来施礼说："这正是周文王的琴曲啊！您的琴技已经到了出神入化的地步了！"

孔子学琴，不仅"学而时习之"，还勤于思考，不断钻研，深入理解曲子的精髓（suǐ）。孔子最终成为中国历史上伟大的思想家和教育家，与他有这样的学习态度是分不开的。

必背名句

子曰："学而时习之，不亦说（yuè）乎？有朋自远方来，不亦乐乎？人不知，而不愠（yùn），不亦君子乎？"

孔子说："学到的知识按时去复习，不是很高兴吗？有朋友从很远的地方来相会，不也让人很快乐吗？别人不了解自己，自己却不生气，不也是一位有修养的君子吗？"

子曰："弟子，入则孝，出则悌（tì），谨而信，泛爱众，而亲仁。行有余力，则以学文。"

孔子说："做一个学生在家要孝敬父母，出外要敬爱师长，做事要谨慎，说话讲诚信，和所有人都友爱相处，亲近那些具有仁德的人。在学习这些之外，如果还有剩余的精力，就用来学习文化知识。"

子曰："君子食无求饱，居无求安，敏于事而慎于言，就有道而正焉，可谓好学也已。"

孔子说："君子饮食不求饱足，居住不求舒适，做事勤劳敏捷，说话却小心谨慎，又能够向有道德的人请教，这样可以说是好学了。"

《为政》篇章解读

    《为政》是《论语》的第二篇，共24章，主要讲的是怎样以仁德治国。

    孔子认为，执政者治理国家应该把教导百姓放在第一位，要用孝、敬、信等这些美德去教化百姓。这样既能使他们守规矩，又能使他们有知耻之心。

    治理国家，国君、官员不但要胸怀广阔，实事求是，诚信待人，还要善于总结经验，吸取教训。

    一个国家，如果从国君到百姓都能孝顺父母，尊敬长辈，诚信守礼，那么这个国家就会变得和谐而美好！

    如果国君、官员对百姓严苛，国家又会是什么样呢？我们跟着孔子去看看吧！

　　孔子带着弟子周游列国时，有一次在泰山脚下，看到有位妇人正在一座新坟前"呜呜呜"地大哭。

　　"她为什么哭得这么伤心呢？"孔子让他的弟子子路去问一问。

　　子路走过去，行了礼，问道："您这样哀痛，是为什么呀？"

　　妇人一听，哭得更伤心了。她边哭边说："我公公被老虎吃了，我丈夫又被老虎吃了，如今连我儿子也……"妇人伤心得话都说不出来了。

孔子听了，忍不住走过去问道："那你们为什么不搬走啊？"

妇人哽（gěng）咽（yè）着回答："因为
抓壮丁、征收赋（fù）税的人不上这儿来呀！"

孔子转过头对弟子们说：“看吧，苛刻的统治比吃人的老虎还可怕啊！”

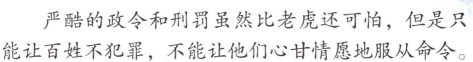

　　严酷的政令和刑罚虽然比老虎还可怕，但是只能让百姓不犯罪，不能让他们心甘情愿地服从命令。

　　国君只有施行仁政，以德治国，才能让官员和百姓像星星一样，环绕在自己这颗"北极星"周围。

施行仁政，以德治国，百姓过上安乐幸福的生活，国家安定繁荣，这就是孔子的心愿，也是他不辞辛劳周游列国的初衷！

孔子一行人告别妇人后，快马加鞭地上路了。他们多想快点儿到达齐国，说服齐王施行仁政，让百姓能摆脱悲惨的生活，过得更好一些呀！

必背名句

子曰："为政以德，譬（pì）如北辰居其所而众星共之。"

孔子说："当政者用道德的力量去治理国家，自己就会像北极星那样，居于一定的位置上，群星都环绕在它周围。"

子曰："道之以政，齐之以刑，民免而无耻；道之以德，齐之以礼，有耻且格。"

孔子说："用法制禁令去引导百姓，使用刑法来约束他们，百姓只是求得免于犯罪受惩，却失去了廉耻之心；用道德教化引导百姓，使用礼制去统一百姓的言行，百姓不仅会有羞耻之心，而且会守规矩。"

子曰："温故而知新，可以为师矣。"

孔子说："在温习旧的知识时，能有新的体会、发现，就可以当老师了。"

子曰："学而不思则罔（wǎng），思而不学则殆（dài）。"

孔子说："只学习而不思考，就会迷惘无知；只空想而不学习，就会疑惑不解。"

人物记

颜徵（zhēng）在：春秋时鲁国颜氏女，也叫颜徵，孔子的母亲。她不满 20 岁就嫁给孔子的父亲叔梁纥（hé）。她勤劳善良，坚强勇敢，非常重视对孔子的教育。

师襄：春秋时期鲁国的乐官，善弹琴，是孔子的老师之一。

周文王：姬（jī）姓，名昌。姬昌原本是商朝的诸侯，周族的领袖，后来因为商纣（zhòu）王残暴不仁，而姬昌却善施仁德，礼贤下士，所以受到诸侯和百姓的爱戴，被拥戴为王，史称"周文王"。

子路：仲氏名由，字子路，鲁国人，是孔子的弟子。他天生勇武，性格直爽，敢对孔子提出质疑，也勇于改正自己的错误，深得孔子器重。

知识拓展·子路拜师

子路是孔子的得意门生，他的性格鲁莽（mǎng）而直率。刚拜孔子为师的时候，孔子问他："你喜欢什么呀？"

子路拍拍腰间的宝剑，高傲地回答："我喜欢长剑。"

孔子说："你聪慧又勇敢，如果好好学习，恐怕没有人能赶得上呀。"

子路疑惑地问："学习有什么用？能让我变得更厉害吗？"

孔子说："君王向大臣学习，听取他们的意见，就不容易犯错；读书人向朋友学习，听取他们的指教，就能改正缺点；马夫用鞭子来驯烈马；弓弩手用檠（qíng）来矫正弓弩；木料用墨绳才能裁直；人善于学习，才能品德高尚。如果一个人不学不问，就容易失德，做一些伤天害理的事，遭到刑法的制裁。所以，君子不能不学习呀。"

子路反问道："南山有一种竹子，不需要加工就很直，削尖后射出去，能穿透犀（xī）牛的厚皮。所以，有些人天赋异禀，何必去学习呢？"

孔子笑着说："如果在箭尾安上羽毛，把箭头磨得更锋利，箭是不是能射得更深更远？"

子路恍然大悟，向孔子行了一礼，说道："看来，学习真是很有用处呀！"从此之后，他就跟着孔子认真学习，最后成了一个非常有才能的人。

太喜欢《论语》了！

KaDa故事/编著　毛红艳/编　韦明晶/绘

② 八佾·里仁

中国农业出版社
农村读物出版社
北 京

图书在版编目（CIP）数据

太喜欢《论语》了！．八佾·里仁 ／ KaDa故事编著
．— 北京 ：中国农业出版社，2023.6
　　ISBN 978−7−109−29805−7

　　Ⅰ．①太…　Ⅱ．①K…　Ⅲ．①儒家②《论语》－少儿
读物　Ⅳ．①B222.2−49

中国版本图书馆CIP数据核字（2022）第144207号

中国农业出版社出版

地址：北京市朝阳区麦子店街18号楼

邮编：100125

责任编辑：靳文玲

书籍设计：刘彦博　　责任校对：吴丽婷　　责任印制：王宏

印刷：北京华联印刷有限公司

版次：2023年6月第1版

印次：2023年6月北京第1次印刷

发行：新华书店北京发行所

开本：787mm×1092mm　1/20

总印张：18

总字数：320千字

总定价：198.00元（全10册）

《八佾》篇章解读

"佾（yì）"指古代乐舞的行列，一行八人叫"一佾"。"八佾"即演奏队伍的规模为八行八列，共六十四人，是天子用的一种乐舞。

在周礼中，乐舞的规模大小有明确的规定：天子用八佾（64人），诸侯用六佾（48人），卿大夫用四佾（32人），士用二佾（16人）。

本篇章主要内容涉及礼的问题。孔子主张维护礼的种种规定，倡导人们在生活中守礼。若是人们不守礼，秩序会乱，社会风气会变坏，天下就会大乱。

现在，就让我们去看看孔子是怎么守礼的吧！

　　孔子小时候，鲁国宗庙里经常
举行祭祀。有一次，母亲带孔子观
看了一场祭礼。看着人们穿戴整齐，
摆好供品，神情庄重地行祭祀礼，孔子被深深地
吸引了。

　　回到家，孔子便拿出一些盘子和碗当作祭祀
用的器具，学着祭祀人的样子祭拜起来。

孔子长大了，他好礼、知礼的名声越来越大，最后被鲁国的国君知道了，便任命他为太庙的助祭。

进入太庙后，孔子对每种礼仪怎么执行、每件礼器怎么使用，都要问得清清楚楚。

太庙的人一一为他解答。

青铜尊

尊是商周时期盛酒的器物，也是礼器中的一种。

青铜簠（fǔ）

西周用于盛稻、梁的食器，主要用于宴会和祭祀。

青铜爵

爵是夏商周时期常见的酒器，也是古代重要的礼器。

　　人们知道这件事后，就取笑他："谁说孔丘知礼呢？他到了太庙，每件事都要问人。"

　　孔子听说后，笑着说："问明白每件事，严谨处事，这正是礼啊！"

　　鲁国虽然重礼，但也有不守礼的事发生。

　　有一年，鲁国的国君鲁昭公在举行祭祖活动时，发现奏乐舞蹈的只有16个人。

　　鲁昭公奇怪地问："不是应该有六佾吗？其他人去哪里了？"

　　鲁昭公派人去查，才得知其他人被卿（qīng）大夫季氏调走了。季氏把自己的四佾和从国君那儿调来的四佾合在一起，用天子的礼仪祭祀自己的祖先呢。

　　在鲁昭公火冒三丈的时候，季氏正在自己家和客人饮酒取乐呢！

孔子听说这件事后，气愤地说："这样超越本分的事，季氏都狠心做，还有什么事他会狠不下心去做呢！"

　　在季氏再三无礼的挑衅（xìn）下，鲁昭公忍无可忍，发动了讨伐季氏的战争。

　　鲁国一时战火连天，老百姓东躲西藏，吃不饱穿不暖，叫苦连连。

13

季氏用八佾的天子规格，违反了礼，破坏了秩序。秩序遭到破坏，社会就会动荡不安，百姓就会遭受苦难。

因此，孔子极力推行礼，他认为不管是治理国家，还是待人处事、个人修身，都要依礼而行。

必背名句

孔子谓季氏，"八佾舞于庭，是可忍也，孰不可忍也？"

孔子谈到季氏，说："他用天子才能用的八佾在庭院中奏乐舞蹈，这样的事都狠心做得出来，还有什么事不能狠心做出来呢？"

子曰："人而不仁，如礼何？人而不仁，如乐何？"

孔子说："一个人没有仁德，礼仪制度对他有什么意义呢？一个人没有仁德，音乐对他又有什么意义呢？"

祭如在，祭神如神在。子曰："吾不与祭，如不祭。"

祭祀祖先时，好像祖先真的在面前；祭神的时候，好像神真的在面前。孔子说："我不亲自参加祭祀，就如同不曾祭祀一样。"

子入太庙，每事问。或曰："孰谓鄹（zōu）人之子知礼乎？入太庙，每事问。"子闻之，曰："是礼也。"

孔子进入太庙，每遇到一件事都细细地询问。有人说："谁说鄹人叔梁纥的儿子懂得礼？他到了太庙，每件事都要问人。"孔子听到这话，便说："这样做就是礼嘛。"

《里仁》篇章解读

　　《里仁》共 26 章，主要讲仁的思想。仁的意义包含着向善的人性，择善固执的人生正道，以及止于至善的人生理想。仁是孔子心中最高、最完美的道德追求，孔子思想的诸多方面都和仁有关。

　　待人忠恕是孔子对仁的基本要求，它涵盖了忠、孝、义、敬、惠、让等德行。孔子认为，有仁德的君子应胸怀远大，把富强国家、造福百姓，作为自己的人生理想；在追求理想的道路上，不管是挨饿受穷，还是遇到生命危险，他们都应该坚守道义，不忘初心。

　　孔子勉励弟子：在生活中体会仁，践行仁。咱们来看看，孔子是怎么做的吧！

有一次，楚昭王邀请孔子去楚国。
孔子便带着弟子们一同前往。

在鲁国与楚国之间有两个小国——陈国和蔡（cài）国。这两国的大夫们听说孔子要去楚国，便商议道：

"如果孔子在楚国得到重用，楚国将会变得更强大，恐怕对我们两国都没什么好处啊！"

"是啊，我们必须阻止他去楚国！"

孔子一行人刚到达陈国和蔡国的交界地时，就被这两国的士兵团团围住了。

被困在这地方，孔子一行人很快就断粮了。一连七天，孔子和弟子们只能找点野菜熬（áo）汤充饥，汤里一粒米都没有。弟子们个个无精打采，愁眉苦脸。只有孔子每天弹琴唱歌。

有一天，颜回听到子路和子贡讨论说："夫子曾经两次被鲁国驱逐，也没能在卫国待下去，在宋国讲学连背靠的大树都被人砍了……现在，又被人围困在陈蔡之间。可是夫子倒好，竟然还能每天坐在那儿弹琴唱歌。难道做君子的，就这样没有羞耻心吗？"两人一边说，一边摇头。

颜回很困惑，便向孔子请教子路和子贡讨论的问题。

　　孔子听后，推开琴，长叹道："子路、子贡，真是见识浅薄的人啊！你叫他们过来，我有话要对他们说。"

　　子路一来就抱怨道："夫子，我们落到这步田地是走投无路了吧？"

　　孔子严肃地说："你这是什么话！君子不论在哪种情况下都应保守节操。我孔丘虽然在乱世遭受着磨难，但我坚守仁义，怎能说是走投无路呢？"

　　子路和子贡听了都默不作声。

孔子顿了顿，继续道："你们看到那些松柏了吗？越是天气寒冷，霜雪凌厉，越显露出它们的坚强。现在我们遇到困难，是上天在考验我们能否坚持仁义，这也是一种幸运啊！"

说完，孔子又弹起了琴。子路和子贡听了夫子的话，受到了启发。子路高兴地拿起盾牌跳起舞来。子贡感叹道："我真是不知天高地厚！"

　　不久，楚昭王听说了孔子被困的消息，赶紧派人前来迎接他，孔子和弟子们终于得救了。

必背名句

子曰："朝闻道，夕死可矣。"

孔子说："早晨懂得了真理，晚上就死去，也是可以的。"

子曰："君子喻于义，小人喻于利。"

孔子说："君子懂得的是义，小人懂得的是利。"

子曰："见贤思齐焉，见不贤而内自省也。"

孔子说："见到贤人，就应该向他学习、看齐；见到不贤的人，就应该自我反省（自己有没有与他相类似的错误）。"

子曰："不患无位，患所以立。不患莫己知，求为可知也。"

孔子说："不怕没有官位，就怕自己没有学到赖以自立的东西。不怕没有人知道自己，去追求足以使别人知道自己的本领好了。"

子曰："君子欲讷（nè）于言而敏于行。"

孔子说："君子言语要谨慎迟钝，工作要勤劳敏捷。"

人 物 记

颜回：孔门十哲之一，孔门七十二贤之首。鲁国贵族，家境贫寒。他13岁拜孔子为师，终生跟随孔子学习。颜回是孔子最中意的弟子，孔子曾多次赞扬颜回的德行和学问。

鲁昭公：姬姓，名裯（dāo），鲁国国君。据说孔子的儿子出生时，鲁昭公派人向孔子道喜，并送来一条大鲤（lǐ）鱼祝贺他。孔子为感谢鲁昭公的恩典，给儿子取名孔鲤。

楚昭王：芈（mǐ）姓，熊氏，春秋时期楚国的国君。他不满10岁就继位称王。继位后，励精图治，重用贤臣，铲除奸臣，振兴了楚国，是一位中兴之主。

知识拓展·子贡与颜回谁更聪明？

子贡与颜回都是孔子的弟子。子贡成绩优秀，口才很好，还擅长经商。颜回不仅天资聪明，还虚心好学。

有一次，孔子与子贡聊天，他问子贡说："你和颜回比，谁更聪明呀？"子贡知道颜回是夫子最喜欢的学生，就十分谦虚地回答："夫子，我哪敢跟颜回比啊。颜回听一个道理，能推知十个道理；我听到一个道理，最多能悟到两个而已。"

孔子说："是啊，你不如他，我也不如他呀！"

颜回一生没有做官，他住在一条穷陋的小巷子里，每天用竹筒吃饭，用瓜瓢喝水，生活非常贫困，二十九岁头发全白了，四十一岁就病逝了。孔子听到颜回病逝的消息时，痛哭道："哎呀，这真是要我的命啊！"

子贡后来则成了春秋末期有名的外交家，曾在鲁、卫两国为相。他还在曹、鲁两国之间经商，成了孔子弟子中的富翁。

太喜欢《论语》了！

KaDa故事/编著 毛红艳/编 韦明晶/绘

③

公冶长·雍也

中国农业出版社
农村读物出版社
北京

图书在版编目（CIP）数据

太喜欢《论语》了！. 公冶长·雍也 ／ KaDa故事编
著. — 北京 ：中国农业出版社，2023.6
ISBN 978-7-109-29805-7

Ⅰ．①太… Ⅱ．①K… Ⅲ．①儒家②《论语》－少儿
读物 Ⅳ．①B222.2-49

中国版本图书馆CIP数据核字（2022）第141194号

中国农业出版社出版
地址：北京市朝阳区麦子店街18号楼
邮编：100125
责任编辑：靳文玲
书籍设计：刘彦博　　责任校对：吴丽婷　　责任印制：王宏
印刷：北京华联印刷有限公司
版次：2023年6月第1版
印次：2023年6月北京第1次印刷
发行：新华书店北京发行所
开本：787mm×1092mm　1/20
总印张：18
总字数：320千字
总定价：198.00元（全10册）

《公冶长》篇章解读

公冶（yě）长（cháng）是孔子的弟子，公冶是姓氏，长是名，本章节以他的姓名为篇名，共28章，主要介绍了孔子弟子的德行和才能。

孔子认为，公冶长聪颖好学，德才兼备，可以把女儿嫁给他；宰予口才很好，说话很动听，但是学习态度不认真，应该批评；冉雍口才不好，但他品德高尚，是一个很有才能的人。

从孔子与弟子们的言谈中可以看出，孔子最看重弟子仁德的品质。他评判一个人，不仅要听他们说了什么，还要观察他们做人做事是否具备仁德的品质。

孔子是怎样评判弟子的德行呢？一起来看故事吧！

春秋时期，鲁国有一项规定：如果鲁国人不幸在异国成了奴隶，有人肯用钱把他赎（shú）回来并带回祖国，那么赎人者就可以获得一笔奖金。

自从有了这项规定，许多流落异国他乡的鲁国人都得到了救助，顺利返回了自己的家乡。

有一次，孔子的弟子子贡到齐国去做生意，看到一个沦（lún）为奴隶的鲁国人，就把他赎了出来，带着他回到了鲁国。

"谢谢你救了我。"那个鲁国人说，"你赶紧去官府领奖金吧。"
子贡却说："我只是做了我应该做的事情，不需要奖金。"

人们听说了这件事后，纷纷赞扬子贡仁义爱国。

　　可孔子听说后，却非常生气地对子贡说："你不
要奖金，真是糊涂啊！以后在异国沦为奴隶的鲁国
人想回国就难了！"

　　子贡疑惑地问道："夫子，难道我做得不对吗？"

孔子说："鲁国为了不给赎人者增加经济负担，所以发放奖金，鼓励大家都去做好事。而你拒绝领赏，自以为道德高尚，却不知道，以后大家可能会责问其他领奖金的赎人者，为什么不能像子贡一样仁义爱国。为了不被嘲笑，他们再也不会赎人了，那些沦为奴隶的鲁国人也就没机会获救了。"

　　子贡听夫子这样说，也觉察到了自己的失误，十分惭愧。

这件事过去不久，孔子的另一个弟子子路经过一条河时，看到有人落水，他想也不想，就跳下去把落水者救了上来。

"太谢谢你了，要不是你，我刚才就没命了。"
那个人为了感谢子路，送给他一头牛。子路
高高兴兴地收下了。

　　人们知道了这件事，纷纷嘲笑子路："看，他还是孔子的弟子呢，做了好事还要报酬，真是贪财啊！"
　　孔子听说后，却夸奖子路："子路啊，你做得对！我知道你并不是贪图那个人的牛，而是想告诉大家，做好事也是可以有回报的。以后，鲁国人一定都愿意勇敢地去救落水者了。"

　　子贡和子路都做了好事，孔子却批评了子贡，表扬了子路。这并不是因为孔子偏爱子路，而是因为，子贡拒绝奖金的行为可能会让更多的鲁国人无法获得救助；而子路接受了回报，却会让更多的人乐于救人。因此，真正的仁德，并不是以是否接受物质回报为依据的。

必背名句

宰予昼寝。子曰："朽木不可雕也，粪土之墙不可杇（wū）也；于予与何诛（zhū）？"子曰："始吾于人也，听其言而信其行；今吾于人也，听其言而观其行。于予与改是。"

宰予在白天睡觉。孔子说："腐烂了的木头无法雕刻，粪土似的墙壁无法粉刷；对于宰予这个人，责备还有什么用呢？"孔子又说："起初，我对于人，是听了他说的话，便相信了他的行为；现在，我对于人，听了他讲的话，还要观察他的行为。从宰予这件事后，我改变了观察人的方法。"

子谓子产有君子之道四焉：其行己也恭，其事上也敬，其养民也惠，其使民也义。

孔子评论子产，说他有四种行为合于君子之道：他的容颜态度庄严恭敬，他事奉君主负责认真，他教养百姓有恩惠，他役使百姓有法度。

季文子三思而后行。子闻之，曰："再，斯可矣。"

季文子每做一件事都要考虑多次。孔子听到了，说："考虑两次也就行了。"

《雍也》篇章解读

　　这篇的篇名源自"雍也可使南面"，"雍"指孔子的弟子冉雍，这句话的意思是，孔子认为冉雍才能出众，可以去做官。

　　《雍也》共有30章，紧接着上一篇《公冶长》，继续写孔子对弟子们的评价，以及对他们为政、当官和做事的一些讨论。

　　在这一篇中，孔子着重赞扬了弟子颜回。孔子认为颜回是他最好学的弟子。颜回学习上谦虚谨慎，领悟能力强，得知一个道理能推知十个道理；在为人处世上，从不迁怒于人，犯过一次的错误不会再犯；在生活上，他节俭朴素，即使在特别艰苦的条件下，依然能追求心中的道义。

　　孔子说，颜回是最接近仁德的人。为什么孔子对颜回的评价这么高呢？一起来读读他的故事吧！

孔子和弟子被困陈蔡之间的时候，缺衣少食，生活十分困苦。

颜回见夫子一天比一天瘦，身体也越来越虚弱，非常担心。他便拿出身上所有值钱的东西，换了一些米回来。

"有饭吃了，太好了。"弟子们见颜回带米回来，十分高兴。

颜回拿着米来到灶台前，开始生火煮饭。

饭快要煮熟的
时候，突然，一块
炭灰掉进了锅里。

"不好，米饭脏了。"颜回赶紧抓出那团脏米饭，觉得把它丢掉太可惜了。于是，他吹了吹米饭上的灰，准备自己吃了。

颜回正往嘴里送米饭时，孔子恰好路过，看了个正着，他以为颜回在偷吃。

饭熟了，颜回先盛起一碗，端给孔子。

孔子故意说："刚才我梦见了我的父亲，这碗饭，我先祭过他老人家再吃吧。"

　　颜回一听，赶紧说："夫子，刚才煮饭的时候，有炭灰落入饭中，弟子觉得丢掉可惜，就抓来吃了。所以，这饭不能用来祭祀。"

小贴士：古时候，被人吃过的饭是不可以拿来祭祀先人的。

孔子听了这话，才知道自己刚才误会了颜回。

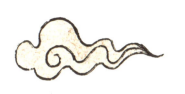

后来，孔子将这件事讲给了弟子们听，并教导他们："都说眼见为实，但眼睛看到的不一定是真的；都说要遵从自己的内心，但内心也会欺骗自己。你们记住，了解一个人是很不容易的。"

孔子认为颜回是品德高尚的人。颜回居住在简陋的房子里,用竹筒盛饭,用瓜瓢(piáo)喝水。别人都忍受不了这种穷困的生活,颜回却过得很快活。孔子认为:这种人,才是真正的大贤人啊!

必背名句

子曰："回也，其心三月不违仁，其余则日月至焉而已矣。"

孔子说："颜回这个人，他的心可以在长时间内不违背仁德，其余的学生则只能在短时间内做到仁而已。"

冉求曰："非不说子之道，力不足也。"子曰："力不足者，中道而废，今女画。"

冉求说："我不是不喜欢夫子的学说，是我力量不够。"孔子说："如果真的是力量不够，你走到半路会走不动了。如今你却画地为牢，不肯前进。"

子曰："知之者不如好之者，好之者不如乐之者。"

孔子说："（对于任何学问、知识、技艺等）懂得它的人，不如爱好它的人；爱好它的人，又不如以它为乐的人。"

子曰："知者乐水，仁者乐山。知者动，仁者静。知者乐，仁者寿。"

孔子说："聪明的人喜爱水，仁德的人喜爱山。聪明的人爱好活动，仁德的人爱好沉静。聪明的人活得快乐，仁德的人长寿。"

人 物 记

公冶长：孔门七十二贤之一，也是孔子的女婿。他出身贫寒，聪颖好学，德才兼备，深为孔子赏识。他终生致力于教学育人，是春秋时期著名的文士。

冉雍：字仲弓，孔门十哲之一，孔子早期的弟子之一。父母出身低微，但是他勤奋好学，注重修身，为人度量宽宏，具有卓越的政治才干。

宰予：字子我，也称宰我，鲁国人。宰予天资聪颖，足智多谋，口齿伶俐，曾任齐国大夫。

冉求：字子有，又称冉有，孔子弟子之一，鲁国贵族季氏的家臣。他具有出色的政治能力和管理才能，曾为季氏改革田赋，以增加税收。

知识拓展·曾子杀猪

　　曾子是孔子的弟子，他是一个言而有信的人。

　　有一次，曾子的妻子要去赶集买东西，他儿子却一直在后面哭闹，要跟着一起去。曾子的妻子便哄儿子说："好孩子，你乖乖待在家里，等娘从集市上回来，就杀猪炖肉给你吃，好不好？"

　　儿子一听有肉吃，马上就不哭了，乖乖在家等着娘回来。

　　曾子的妻子从集市上回来，进门就看见曾子在磨刀。她奇怪地问道："你磨刀干什么呀？"

　　曾子边磨刀边说："你不是说要给儿子杀猪炖肉吃吗？"

　　"哎哟，我那只是跟儿子开个玩笑罢了，哪能真的把猪杀了呀！"曾子的妻子连忙上前阻止曾子磨刀。

　　曾子却拦住她说："怎么能随便欺骗孩子呢？孩子不懂事，什么都跟父母学。现在你欺骗他，是在教他说谎话呀，他以后怎么还会相信你呢？这样教育孩子可不行。"

　　很快，曾子就磨好了刀，把猪杀了，为儿子做了香喷喷的炖肉。

太喜欢《论语》了!

④ 述而·泰伯

KaDa故事／编著 毛红艳／编 韦明晶／绘

中国农业出版社
农村读物出版社
北京

图书在版编目（CIP）数据

太喜欢《论语》了！．述而·泰伯 ／ KaDa故事编著
． — 北京 ：中国农业出版社，2023.6
　ISBN　978-7-109-29805-7

　Ⅰ．①太…　Ⅱ．①K…　Ⅲ．①儒家②《论语》－少儿
读物　Ⅳ．①B222.2-49

　中国版本图书馆CIP数据核字（2022）第141195号

中国农业出版社出版
地址：北京市朝阳区麦子店街18号楼
邮编：100125
责任编辑：靳文玲
书籍设计：刘彦博　　责任校对：吴丽婷　　责任印制：王宏
印刷：北京华联印刷有限公司
版次：2023年6月第1版
印次：2023年6月北京第1次印刷
发行：新华书店北京发行所
开本：787mm×1092mm　1/20
总印张：18
总字数：320千字
总定价：198.00元（全10册）

《述而》篇章解读

　　《述而》共 38 章，主要记录了孔子学习和教育弟子的方法。

　　孔子说，每个人都有受教育的权利，不管求学的人是贫贱还是富贵，是聪明还是愚笨，他都愿意教。

　　孔子不仅教弟子书本上的内容，还带他们参加社会实践活动，教育他们忠诚守信。

　　孔子认为，自己也不是生来就聪明有学识，他的学问都是一点一点积累起来的。平时，他总是默默用心记下知识，不懂的就虚心向别人请教，就连社会地位比他低下的人，他也愿意向他们求教。正因为如此，孔子变得越来越优秀。

　　孔子还向一个七岁的小孩子学习过呢，我们一起去看看吧！

春秋时期，孔子带弟子周游列国，四处讲学。有一天他正坐车赶路，遇到一群孩子在路中间用沙土堆城堡。其他的小孩看到车来都让开了，只有一个小孩端端正正坐在"城"里面，不肯让路。

孔子被挡住了去路，他下了车，弯腰问那个小孩："孩子，有车来了，你怎么不让路呢？"

小孩大声说："从古至今，只听说过车绕城，哪有城避车的道理？"

"这个孩子真聪明！"孔子觉得很有意思，便让人将车赶到路旁，跟小孩聊起天来。

　　他问小孩："你知道什么山上没石头？什么水中没有鱼？什么牛没法生牛犊（dú）？什么马不能生马驹（jū）？什么火没有烟？什么树不长杈？……"

　　孔子一口气提了十几个问题，小孩听完后，不慌不忙地回答说："土山上没有石头，井水里没有鱼，泥牛生不了牛犊，木马生不出马驹，萤火不生烟，枯树不长杈……"

　　孔子提的问题五花八门，小孩竟然一个都没有答错。

"回答得好啊！好啊！"孔子听了，连连点头称赞，又邀请小孩说，"我车上有双陆棋，咱们去赌一盘吧！"

没想到，小孩听了，竟然板起了脸。

小孩摇头说："我才不赌博呢。天子好赌，天下就不太平；诸侯好赌，国家不得安宁；官吏好赌，耽误工作；农夫好赌，田地荒芜（wú）；学生好赌，忘了读书；小孩儿好赌，就该挨揍！这种无聊的事，学它干什么！"

听了小孩的回答，孔子好一阵儿都找不到反驳的话。他整理了一下衣冠，向这个孩子深深地施了一礼。

　　然后，他哈哈大笑，赞叹道："好啊，好啊，今天我才知道，现在的小孩真是了不起呀！"

　　这个孩子，就是七岁的项橐（tuó）。

必背名句

子曰："不愤不启，不悱（fěi）不发。举一隅（yú）不以三隅反，则不复也。"

孔子说："教导学生，不到他冥思苦想仍想不明白的时候，不去开导他；不到他想说却说不出来的时候，不去启发他。教给他一个道理，他却不能由此推出其他类似的道理，那就不再教他了。"

子在齐闻《韶（sháo）》，三月不知肉味，曰："不图为乐之至于斯也。"

孔子在齐国听到《韶》乐，很长时间尝不出肉味的鲜美，于是说："想不到欣赏音乐竟能达到这样的境界。"

子曰："三人行，必有我师焉；择其善者而从之，其不善者而改之。"

孔子说："三个人一块走路，其中便一定有可以当我老师的人。我选取他的优点学习，看出他的缺点就引以为戒并加以改正。"

子曰："君子坦荡荡，小人长戚戚。"

孔子说："君子心地平坦宽广，小人却经常忧惧不安。"

《泰伯》篇章解读

　　《泰伯》共 21 章。在这一篇中，孔子赞美了尧、舜、禹等古代圣君的品德：尧主动把王位禅让给有才干的人；舜用五个贤臣治理天下；禹生活俭朴，全心全意地治水。孔子认为，国君就应该像他们一样，具有高尚的品德，爱护人民，治理好国家。

　　治理国家需要人才。孔子办教育的主要目的就是培养治国安邦、仁爱守礼的官员。有了这样的官员，社会风气会变得更好，因为百姓会向他们学习。他们友爱家人，百姓也会家庭和睦；他们礼待朋友，百姓也会善待乡邻。

　　许多国君向孔子咨询过治理国家的方法。有一次，齐国的王宫飞来一只奇怪的鸟，齐景公还派人向孔子请教过呢，我们去看看这个故事吧！

天刚蒙蒙亮，在齐国的宫殿里，一队卫兵巡逻了一夜，正准备换班休息。忽然，一名卫兵指着宫殿前的地方，大声叫道："快看，那是什么？"

只见一群羽毛色彩斑斓（lán）的鸟儿，在宫殿前翩翩起舞。让人奇怪的是，鸟儿屈起了一只脚，用另一只脚在地上跳舞。

卫兵们急忙把这
件奇事报告给齐景公。
齐景公也不知道这是
什么鸟，更不知道它
们会给国家带来好运
还是灾祸。他问群臣，
群臣也说不知道。

　　有个臣子出主意说："国君派人去问一问孔子吧，也许他知道呢！"齐景公便派使者到鲁国，向孔子请教。

孔子听了后，着急地
说："这鸟名叫商羊，是
主管人间雨水的神鸟。"
　　使者听了一脸疑惑。

孔子对使者解释说："从前常有小孩子屈起一只脚，抖动双肩一边跳一边唱'天将大雨，商羊鼓舞。'现在齐国出现了这种鸟，说明大雨就要来了！请转告国君，让老百姓抓紧时间整修沟渠，修筑堤坝，为即将到来的大雨做准备！"

使者回宫后，向齐景公转述了孔子的话。齐景公马上下令，让全国百姓做好防雨和抗洪救灾的准备。不久，果然大雨倾盆，洪水泛滥，许多国家百姓的房屋倒塌，庄稼被淹，粮食、牲畜也被洪水冲走。

　　只有齐国，因为早早采取了防洪措施，百姓们遭受的损失比较小。

齐景公听从了孔子的建议，组织百姓及时修堤筑坝防御洪水，这就是爱护百姓的国君呀。

必背名句

曾子言曰："鸟之将死，其鸣也哀；人之将死，其言也善。"

曾子说："鸟在快死时，叫声是悲哀的；人在快死时，说出的话是善意的。"

曾子曰："士不可以不弘毅，任重而道远。仁以为己任，不亦重乎？死而后已，不亦远乎？"

曾子说："读书人不可以不志向远大、意志坚毅，因为他负担沉重，路程遥远。以在天下实现仁德为己任，还不沉重吗？到死才停止，还不遥远吗？"

子曰："民可使由之，不可使知之。"

孔子说："百姓，可以使他们按照我们的道路走，不能让他们懂得为什么要这样做。"

子曰："不在其位，不谋其政。"

孔子说："不在那个职位上，就不考虑那个职位的事务。"

子曰："学如不及，犹恐失之。"

孔子说："做学问就好像在追逐什么一样，生怕赶不上；学到了，还生怕有所遗失。"

人 物 记

项橐：春秋时期莒（jǔ）国的一位神童，因孔子曾向他学习而闻名。《三字经》中"昔仲尼，师项橐"说的就是他。后来，人们常用"项橐"来代称神童。

尧：传说中上古部落联盟的首领。他曾命羲（xī）和掌管时令，制定历法。他选定舜为继任者后，对舜进行了长达三年的考核。

舜：传说中上古部落联盟的首领。他挑选了治水有功的禹为继承者。

禹：也称"大禹"。他奉舜的命令治理洪水，带领百姓疏通江河，兴修沟渠，发展农业，后来做了部落的首领，又建立了夏朝。禹死后，他的儿子启继位，王位世袭的制度自此开始。

齐景公：春秋时期齐国的国君。

知识拓展·孔子赞子路

子路在蒲地做官三年，有一天，孔子和子贡路过那里。

一进蒲地，孔子就夸赞道："子路做得好啊，百姓对他又恭敬又信任。"

进了城后，孔子又称赞说："子路做得好啊！他待百姓忠信而又宽厚。"

进入官衙，孔子再次赞扬说："子路做得好啊！他对官员明察秋毫。"

子贡问道："您还没有看见子路处理政事，却三次称赞他做得好，他有什么善政，您可以说给我听听吗？"

孔子说："进入蒲地，我看见田地都整治过了，杂草都清除了，沟渠也挖得很深，这说明百姓尊敬他，信任他，愿意听他的安排做事，种田很努力；进城后，我看到墙壁坚固，路边树木茂盛，这说明他对待百姓忠信又宽厚，所以百姓不偷懒；进入官衙，我发现里面清净闲适，官吏都听从他的命令，这说明他能明察，做出准确的判断，所以政事有条有理。我虽然称赞了他三次，但他的优点，我还没有说完呢！"

太喜欢《论语》了！

⑤ 子罕·乡党

KaDa故事/编著　毛红艳/编　韦明晶/绘

中国农业出版社
农村读物出版社
北京

图书在版编目（CIP）数据

太喜欢《论语》了！．子罕·乡党 ／ KaDa故事编著
．— 北京 ：中国农业出版社，2023.6
ISBN 978-7-109-29805-7

Ⅰ．①太…　Ⅱ．①K…　Ⅲ．①儒家②《论语》－少儿
读物　Ⅳ．①B222.2-49

中国版本图书馆CIP数据核字（2022）第144208号

中国农业出版社出版

地址：北京市朝阳区麦子店街18号楼
邮编：100125
责任编辑：靳文玲
书籍设计：刘彦博　　责任校对：吴丽婷　　责任印制：王宏
印刷：北京华联印刷有限公司
版次：2023年6月第1版
印次：2023年6月北京第1次印刷
发行：新华书店北京发行所
开本：787mm×1092mm　1/20
总印张：18
总字数：320千字
总定价：198.00元（全10册）

《子罕》篇章解读

  《子罕》共有 31 章，主要讲孔子博学多才却谦虚守礼。

  孔子精通六艺，因为才能太多，反而显得没有特长，所以有人说他"博学而无所成名"。孔子幽默风趣地回答："与射箭相比，我比较擅长驾车啊！"射箭和驾车都是六艺之一，但善射者的地位高，驾车的人地位低。孔子这么说，正是他谦虚的表现。

  孔子说，做人要有德有礼。在外做官恪尽职守；在家孝敬父母、友爱兄弟姐妹。丧葬之事也要做得周到细致，但不能逾（yú）越礼制。他不仅是这样说的，也是这样做的。我们去看看吧！

有一天，孔子生了重病，在床上昏睡了好几天，喝不下药，更吃不下饭，弟子们急得团团转。

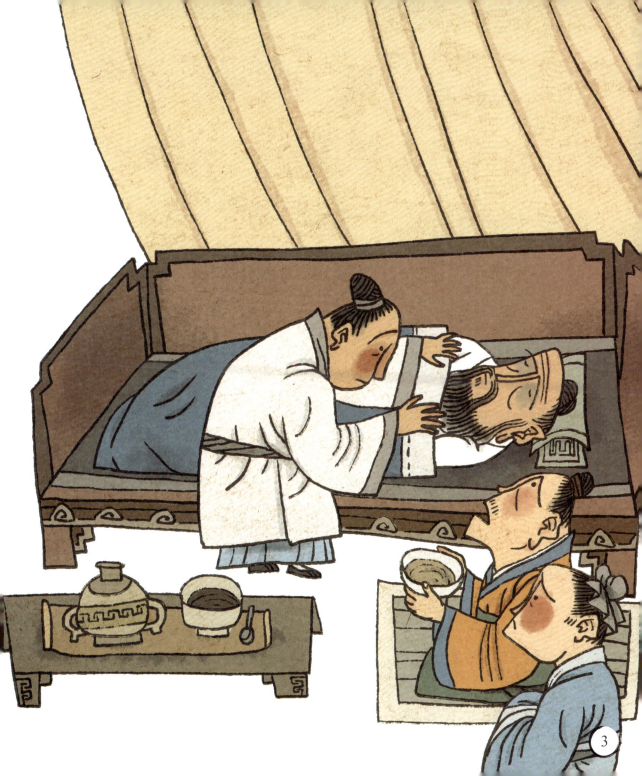

　　子路请来了
许多医术高明的
大夫，他们一
个一个为孔子看
病，又讨论了很
久，都觉得孔子
的病治不好了，
只好对孔子的弟
子们说："你们
赶紧为孔夫子准
备后事吧！"

弟子们听到这个消息，好像晴天打了个大响雷，都惊呆了，然后就大哭起来，不知道该怎么办才好。

　　子路抹了一把眼泪，说道："夫子一生收了无数弟子，他的葬礼必须办得风风光光，就按大夫去世时的礼仪来办吧！"

一名弟子担心地说："大夫都是由家臣来办葬礼，夫子没有家臣呀！"

大家都看着子路，等他想办法。子路挠挠头说："夫子没有家臣，但是有这么多弟子呀，就由我们来充当家臣，为他准备葬礼。"

大夫的葬礼礼仪非常复杂，子路就把那些弟子当作孔子的家臣，给他们分派了任务。他们准备为孔子办一个隆重的葬礼。

没想到，这个时候
孔子的病竟然好了。

　　孔子从床上坐起来，指着子路大骂道："子路呀子路，你怎么能弄虚作假呢！我不是大夫，没有家臣却装作有家臣，这是骗谁呢？骗老天吗？让我死在家臣的伺候下，还不如死在你们这些弟子的侍奉下呢！"

古时候人们非常重视葬礼，按照周礼的规定，身份等级越高的人，葬礼就越隆重。

可是孔子却认为，自己已经不是大夫了，怎么还能以大夫之礼风光大葬呢？他生气地大骂子路，正是因为他严格地遵守周礼呀。

必背名句

子在川上，曰："逝者如斯夫！不舍（shě）昼夜。"
孔子在河边，叹道："消逝的时光像河水一样呀！日夜不停地流去。"

子曰："后生可畏，焉知来者之不如今也？四十、五十而无闻焉，斯亦不足畏也已！"
孔子说："年轻的人是可怕的，怎能知道他的将来赶不上现在的人呢？一个人到了四五十岁还没有什么名望，这样的人也就不值得惧怕了。"

子曰："三军可夺帅也，匹夫不可夺志也。"
孔子说："一国军队，可以使它丧失主帅；一个男子汉，却不能强迫他放弃志向。"

子曰："岁寒，然后知松柏之后凋也。"
孔子说："天冷了，才知道松柏树是最后落叶的。"

子曰："知者不惑，仁者不忧，勇者不惧。"
孔子说："聪明的人不致疑惑，仁德的人经常乐观，勇敢的人无所畏惧。"

《乡党》篇章解读

　　《乡党》共27章，主要记录了孔子的言谈举止、衣食住行和生活习惯。

　　孔子日常坐卧行走，都遵守礼仪。

　　在朝堂上，孔子更加守礼。面对国君，孔子很恭谨；遇见官位比自己高的人，孔子不谄（chǎn）媚（mèi）；面对官位比自己低的人，他也是和颜悦色。

　　孔子非常尊重朋友和乡邻，并尽力对他们给予帮助；托朋友办事，孔子总是一谢再谢；与乡邻一起吃饭，孔子总要等到老人走后才离开；朋友去世，孔子也会主动为他料理丧事。

　　孔子的故事有很多，我们来看一看，当自己遭受财产损失时，孔子是怎么做的。

孔子在鲁国做官的时候，家里养了十几匹良马。

在那个时候，马是非常贵重的财产，贵族们甚至愿意用几名奴隶，来换一匹良马。

　　孔子专门派了五六名仆人来照顾马匹，他们每天为马洗澡、刷毛、喂食，马儿都长得膘（biāo）肥体壮。

　　孔子是个驾车好手，经常用这些马拉着车，带弟子们去郊外游玩。

可是有一天，发生了意外。

那天，孔子走在回家的路上，远远就看见自家院子的一角冒起了滚滚黑烟。

"哎呀，是马厩（jiù）失火了！"孔子心里很着急，三步并作两步，飞快地进了门，往马厩跑去。

23

孔子赶到马厩一看：顶棚已经烧没了，几根木头还冒着青烟，墙也被烧得黑乎乎的，倒塌了一大截，十几匹马早就不知道跑哪儿去了。那几个照料马匹的仆人，脸上、身上脏兮兮的，正瘫坐在地上不知所措。

"马厩失火，马儿受到惊吓跑了，主人一定会责罚我们的。"想到这里，仆人们的心里就像有十五只吊桶打水——七上八下的。

看见孔子过来，仆人们吓得赶紧跪在地上。

没想到，孔子开口问道："你们怎么样？有没有受伤？"

　　几名仆人愣了一下才反应过来，孔子是在关心他们，连忙感激地回答道："没事，主人，我们没有受伤。"

　　因为孔子的关心，仆人们做事更加尽职尽责了，不久就把吓跑的马都找了回来。

孔子先关心仆人而不问马，这在当时是非常难得的，尊重生命，正体现了孔子的仁爱之心。

必背名句

食不厌精，脍不厌细。食饐（yì）而餲（ài），鱼馁（něi）而肉败，不食。色恶，不食。臭恶，不食。失饪（rèn），不食。不时，不食。割不正，不食。不得其酱，不食。

粮食不嫌舂（chōng）得精，鱼和肉不嫌切得细。粮食霉烂发臭，鱼和肉腐烂了，都不吃。食物颜色变了，不吃。气味难闻，不吃。烹调不当，不吃。不合时令的东西，不吃。不是按照一定章法切割的肉，不吃。没有合适的酱料，不吃。

食不语，寝不言。
吃饭的时候不交谈，睡觉的时候不说话。

席不正，不坐。
座席摆的方向不合礼制，不坐。

康子馈（kuì）药，拜而受之。曰："丘未达，不敢尝。"
季康子赠药给孔子，孔子拜谢后接受了，却说道："我对这种药的药性不了解，不敢服用。"

人物记

子罕：子姓，乐氏，名喜，字子罕，春秋时期宋国的贤臣。

有一年农忙时节，宋国国君要建造一座高台，子罕怕耽误了农民收庄稼，连忙请求国君，等到农忙过后再建造。

宋国发生饥荒时，子罕请示国君后，把国君库房里的粮食借给了百姓，还让官员

们把自家的粮食借出去。子罕自己的家族借粮食给百姓，都不让借粮人写借据，不要求他们归还。因此，宋国人都没有挨饿。

有一次，一个宋国人得到一块美玉，因为敬佩子罕，拿来献给他。子罕感谢了他的好意，却坚决不肯收。那人以为子罕不相信这是块宝玉，便对他说："我已经请行家做过鉴定，这确实是块稀世美玉。"子罕微微一笑，说："你以美玉为宝，我以不贪婪的品行为宝。我若接受了你的宝玉，咱们双方就都失去了最宝贵的东西。"

知识拓展·孔子祭鱼

　　有一年夏天，孔子来到楚国。一位渔夫提着一篓鱼，想送给孔子。

　　"不行，不行！"孔子一边推辞一边说，"我怎么能平白无故收你的鱼呢？"

　　那渔夫却说："现在天气这么热，卖鱼的市场又很远，等我把这些鱼拎过去，肯定已经臭了。与其等这些鱼发臭扔掉，还不如把它们送给像您这样的君子呢！"

　　孔子听了他的话，这才向他拜了两拜，收下了这些鱼。然后，他让弟子把地面打扫干净，准备用这些鱼来祭祀。一名弟子疑惑地问道："那渔夫本来是打算扔掉这些鱼的，而您却要用它们祭祀，这是为什么呢？"

　　孔子说："因为担忧食物腐坏变质，就将它送给别人，既避免了糟蹋东西，又帮助了别人，这样的人有仁德呀。接受了仁德之人的馈（kuì）赠，哪有不举行祭祀的道理呢？"

太喜欢《论语》了!

6 先进·颜渊

KaDa故事/编著

毛红艳/编

韦明晶/绘

中国农业出版社
北京

图书在版编目（CIP）数据

太喜欢《论语》了！. 先进·颜渊 ／ KaDa故事编著
. — 北京 ：中国农业出版社，2023.6
　 ISBN 978-7-109-29805-7

Ⅰ．①太…　 Ⅱ．①K…　 Ⅲ．①儒家②《论语》－少儿
读物　 Ⅳ．①B222.2-49

中国版本图书馆CIP数据核字（2022）第141165号

中国农业出版社出版
地址：北京市朝阳区麦子店街18号楼
邮编：100125
责任编辑：靳文玲
书籍设计：刘彦博　　责任校对：吴丽婷　　责任印制：王宏
印刷：北京华联印刷有限公司
版次：2023年6月第1版
印次：2023年6月北京第1次印刷
发行：新华书店北京发行所
开本：787mm×1092mm　1/20
总印张：18
总字数：320千字
总定价：198.00元（全10册）

《先进》篇章解读

　　《先进》共 26 章。在这一篇中，孔子赞扬了弟子们的才能，又善意地指出了他们的缺点。

　　相传，孔子有"弟子三千，贤者七十二人"，其中品德高尚的有颜回、闵（mǐn）子骞（qiān）、冉伯牛、仲弓；善于交际演讲的有宰我和子贡；擅长处理政事的是冉有、季路；子游和子夏则通晓古代典籍制度。

　　这些人都是孔子的得意门生，他们才能出众，但也都有缺点。孔子细心地观察他们，认真地指点和帮助他们，希望他们都能够实现抱负，用仁和礼去治理国家。

　　孔子常常与弟子们畅谈各自的政治理想和志向，积极为他们的未来出谋划策。下面，我们就来读一个这样的故事吧。

有一天，孔子带着子路、子贡和颜回游览群山。爬到山顶后，他们看到群山都在脚下，听到四周只有风声和鸟叫。孔子感叹道："这真是个适合思考问题的好地方。大家都来说说自己的志向吧！"

子路抢先说："我希望上战场。在战场上，指挥旗像月亮一样洁白，战旗像太阳一样火红，咚咚的战鼓声响彻云霄，多么壮观！我将带领一队人马，攻下敌人的城池，砍倒敌人的旗帜。这样的事只有我能做到，您就让子贡和颜回跟着我干吧！"

孔子赞叹说："子路真勇敢啊！"

这时子贡也说道："齐国和楚国交战时，两军的军营遥遥相望，扬起的尘埃连成一片，士兵们挥刀而起，给国家和百姓带来的损失都不小。我愿意出使这两个国家，劝说他们停止战争。这样的事只有我能做得到，您让子路和颜回来帮助我吧！"

孔子也点头称赞道："子贡的口才是不错！"

听了子路和子贡的志向，颜回往后退了退，一句话也没有说。孔子奇怪地喊道："颜回，你怎么不说话，难道你没有志向吗？"

颜回低下头说："文武两方面的事，子路和子贡都已经说过了，我还能说什么呢？"

孔子笑着说："每个人的志向不同，你还是说说你的吧。"

颜回想了想回答道："我听说香草和臭草不能装在同一个盒子里，尧和桀（jié）不能共同治理一个国家，因为他们不是同一类人。我的志向跟他们都不一样……"

　　颜回看了看子路和子贡，继续说道："我希望辅佐明君，教化百姓，不让他们修城墙，不让他们越过护城河去作战。我要把刀枪剑戟（jǐ）改铸成农具，让百姓自由地放牧，天下再也没有战争。这样，子路就没有机会展现他的勇猛，子贡也没有机会施展他的口才了。"

13

听了颜回的话，孔子收起了笑容，望着远山说道："这种品德多么美好啊！不耗费财物，不危害百姓，不用太多的言辞，只有颜回才能这样治理国家啊！"

15

必背名句

季路问事鬼神。子曰："未能事人，焉能事鬼？"
曰："敢问死。"曰："未知生，焉知死？"
子路问服侍鬼神的方法。孔子说："活人还不能服侍，怎么能去服侍鬼神？"
子路又问："那么死又是怎么回事？"孔子说："生的道理还没有弄明白，怎么能够懂得死？"

鲁人为长府。闵子骞曰："仍旧贯，如之何？何必改作？"子曰："夫人不言，言必有中。"
鲁国的执政大臣要翻修库房。闵子骞说："照老样子不好吗？为什么一定要翻修呢？"孔子说："闵子骞这个人平日不大说话，但一开口必定说到要害上。"

子贡问："师与商也孰贤？"子曰："师也过，商也不及。"曰："然则师愈与？"子曰："过犹不及。"
子贡问孔子："子张和子夏两个人，谁强一些？"孔子说："子张呢，有些过头；子夏呢，有些赶不上。"子贡说："那么子张强一些吗？"孔子说："过头和赶不上同样不好。"

《颜渊》篇章解读

  《颜渊》共有 24 章。在这一篇中，几位弟子向孔子请教，孔子因材施教，针对他们的性格特点，同样的问题，回答也各不相同。

  颜回问孔子，怎样做才是有仁德，孔子教导他：不合礼的事不看，不合礼的事不听，不合礼的事不言，不合礼的事不做。

  司马牛的哥哥在宋国掀起了动乱，司马牛不想承认这个哥哥，并为此发愁。孔子劝导他说："认真谨慎地做事，不出差错，对人恭敬而有礼貌，四海之内的人就都是你的兄弟。"

  子贡问怎样处理政事，孔子说："只要粮食充足，军备充足，民众信任朝廷，国家就稳定了。"

  性格急躁的子路拜入孔子门下后，孔子又是如何教导他的呢？我们一起去看看吧。

子路是一个直爽、勇敢的人，他除了跟随孔子学习诗、礼，还为孔子赶车，给孔子做侍卫。

孔子非常器重子路，时常教导子路要做一个有仁德的人。

这一天，子路穿着一身亮闪闪的铠甲，手中提着宝剑，威风凛凛地来见孔子。

行过礼后，子路说道："夫子，今天让我来为您舞剑吧，您看看我的武艺练得好不好！"

不等孔子回答，子路就跳到院子中，拔出长剑，开始舞起来。长剑寒光闪闪，在子路的手中好像活了一样，反手疾刺，横削格挡，招招都又快又准。

　　"好！""太厉害了！"许多弟子都被吸引过来，大家不停地鼓掌叫好。

23

子路舞了半个时辰才停下来，他热得满脸通红，喘着气问孔子："夫子，我舞得怎么样？"

孔子盯着他看了一会儿，既没说舞得好，也没说舞得不好，而是反问道："子路，你什么时候需要用到剑呢？"

子路大声回答说：
"遇到好人，我当然不会
拔剑，但是如果遇到坏
人，我就不客气了。夫子，
古时候的君子，也需要
用剑保护自己吧？"

孔子连连摇头："非也，非也！"

孔子回到屋里，坐下说道："君子忠诚待人，仁义之名传到千里之外，这样的好名声，就是对他们最好的保护。如果真的遇到了坏人，君子会用忠诚感化他，用宽恕来包容他，哪里需要拿剑来保护自己呢？"

子路听了恍然大悟，连忙收起了剑，对孔子行礼说："请夫子教我做一名君子吧，我一定恭敬地侍奉夫子！"

必背名句

　　颜渊问仁。子曰："克己复礼为仁。一日克己复礼，天下归仁焉。为仁由己，而由人乎哉？"颜渊曰："请问其目？"子曰："非礼勿视，非礼勿听，非礼勿言，非礼勿动。"颜渊曰："回虽不敏，请事斯语矣。"

　　颜渊问仁德。孔子回答说："严格要求自己，使言语行为都合于礼就是仁。一旦做到了，天下的一切就都归于仁了。实践仁德，全凭自己，还凭别人吗？"颜渊说："请问怎么做呢？"孔子说："不合乎礼的事不看，不合乎礼的话不听，不合乎礼的话不说，不合乎礼的事不做。"颜渊说："我虽然迟钝，但也要照着您的话去做。"

　　仲弓问仁。子曰："出门如见大宾，使民如承大祭。己所不欲，勿施于人。在邦无怨，在家无怨。"仲弓曰："雍虽不敏，请事斯语矣。"

　　仲弓问仁德。孔子回答说："出门工作就如同去接待贵宾，役使百姓就如同要举行大祭典礼，都得严肃认真、小心谨慎。自己不想要的事物，就不要强加给别人。在工作岗位上不对工作有怨恨，离开了工作岗位也没有怨恨。"仲弓说："我虽然迟钝，但也要照着您的话去做。"

人 物 记

闵子骞：春秋时期鲁国人，孔门七十二贤之一，以孝闻名，是"二十四孝"中的人物之一。

冉伯牛：孔子的弟子，在孔门中以德行著称，有很高的威望。

子张：春秋末期陈国人，孔子的弟子。他为人勇武，结交了很多朋友，但被孔子评为"性情偏激"。

子夏：卜氏，名商，春秋末期晋国人。他提出了"仕而优则学，学而优则仕"的观点，相传《诗》《春秋》等儒家经典是由他传授下来的。

知识拓展·丧家之犬

　　孔子带着弟子周游列国，有一天来到郑国都城。郑国都城非常热闹，孔子与弟子们一不小心走散了。弟子们非常着急，在城里四处寻找孔子，子贡更是逢人就问。

　　这时候，有一个郑国人告诉子贡："东门那儿有一个人，他的脸长得像尧，他的脖子跟皋（gāo）陶的脖子一样长，他的肩膀和我们郑国国相子产的肩膀一样宽，但他腰以下的部分却要比大禹短三寸，一副狼狈不堪、没精打采的样子，真像一条丧家犬。他是不是你们的夫子呢？"

　　子贡按照那个郑国人指的方向来到东门，果然找到了孔子。他把那人的原话告诉了孔子，孔子上上下下打量了自己一番，哈哈大笑道："说得好呀，说得对呀！他描述的相貌不一定像我，但说我像条丧家犬，那真是一点儿也没错呀！"

7

子路·宪问

太喜欢《论语》了！

KaDa故事／编著　毛红艳／编　韦明晶／绘

中国农业出版社
农村读物出版社
北京

图书在版编目（CIP）数据

太喜欢《论语》了！．子路·宪问 / KaDa故事编著
．— 北京 ：中国农业出版社，2023.6
ISBN 978-7-109-29805-7

Ⅰ．①太⋯ Ⅱ．①K⋯ Ⅲ．①儒家②《论语》－少儿
读物 Ⅳ．①B222.2-49

中国版本图书馆CIP数据核字（2022）第141166号

中国农业出版社出版
地址：北京市朝阳区麦子店街18号楼
邮编：100125
责任编辑：靳文玲
书籍设计：刘彦博　　责任校对：吴丽婷　　责任印制：王宏
印刷：北京华联印刷有限公司
版次：2023年6月第1版
印次：2023年6月北京第1次印刷
发行：新华书店北京发行所
开本：787mm×1092mm　1/20
总印张：18
总字数：320千字
总定价：**198.00元（全10册）**

《子路》篇章解读

　　《子路》共有 30 章。在这一篇中，许多人向孔子请教，如何处理政事，治理国家，孔子从不同的方面做出了回答。

　　官员要端正自己的言行。官员自身端正了，即使没有下达命令，百姓也会去做；如果官员自身不端正，即使下达了命令，百姓也不会服从。官员做事要先于百姓，带动百姓勤劳致富。百姓富裕了，官员再对他们进行教育和影响，社会才能进步。处理政事的时候，不能一味求快，更不要贪图小利。一味求快反而达不到目的，贪图小利就做不成大事。

　　现在我们就来看看，孔子的弟子宓（mì）子贱，是怎样用孔子教给他的知识和道理治理地方的吧！

宓子贱学成之后，孔子把他推荐给了鲁国国君。刚好，单（shàn）父（fǔ）这个地方缺少官员，鲁国国君便派宓子贱到单父当县令。

　　宓子贱出发前来拜别孔子,他恭敬地问道:
"夫子,请问怎样才能治理好单父呢?"
　　孔子想了想说:"对下属不要太挑剔(tī),
也不能太轻信。"

宓子贱又去跟他的朋友阳昼辞行。阳昼虽然是个渔夫，但他聪明又博学。

宓子贱去的时候，阳昼正在河边钓鱼。宓子贱说："请问怎样才能治理好单父呢？"阳昼说："我从来没有做过官，也不知道怎么做官，不过我钓鱼的时候，发现了一些有趣的事。"说着，他往水中撒了一把鱼饵。

许多小鱼闻到鱼饵的香味，从四面八方游过来，河面上咕噜咕噜泛起了水花。

　　阳昼说："你看，这些一闻到香味就立刻过来抢食的鱼，叫阳桥鱼。这种鱼很容易上钩，可是它们肉少刺多，钓回去连猫都不爱吃，渔夫最讨厌它们了。"

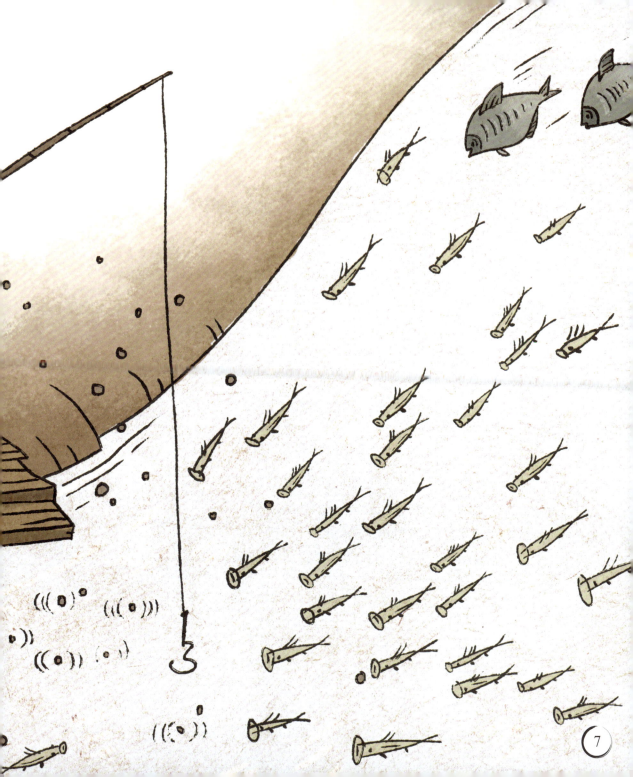

在那群小鱼的后面，游过来几条又长又肥的大鱼，阳昼指着它们说："这些大鱼叫鲂（fáng）鱼，它们从不急着吞鱼饵。它们个儿大肉厚，最受渔夫欢迎。"

宓子贱边听边高兴地连连点头："我明白了，我明白了！"

宓子贱辞别夫子与好友后，风尘仆仆赶到了单父。刚一进城，便有许多官员和乡绅迎了上来，要为他接风洗尘。

宓子贱急忙对车夫说："快走快走，赶紧躲开
这些人吧。他们就是阳昼说的那种阳桥鱼，闻到了
名利的香味，就想从我这里捞好处、占便宜呀！"

　　上任之后，宓子贱礼贤下士，招揽了许多人才。他没有重用那些像阳桥鱼一样喜欢追名逐利的人，而是请出了在单父多有贤名、德高望重的人物。

　　这些人稳重而有才干，宓子贱像尊重孔子一样尊重他们，他们也尽心尽力地帮助宓子贱治理单父。

有了这些人辅助，三年之后，单父就被治理得夜不闭户，路不拾遗。百姓富裕了，生活又安乐又幸福！

宓子贱呢？他也不像别的官员那么忙碌，经常清闲地在草堂弹琴呢！

15

必背名句

子曰："其身正，不令而行；其身不正，虽令不从。"

孔子说："统治者本身行为正当，不发命令，事情也能推行。统治者本身行为不正当，即便是三令五申，百姓也不会信从。"

子曰："无欲速，无见小利。欲速，则不达；见小利，则大事不成。"

孔子说："不要图快，不要只顾小利。图快，反而不能达到目的；顾小利，就办不成大事。"

子曰："君子和而不同，小人同而不和。"

孔子说："君子用自己的正确意见来纠正别人的错误意见，使一切都做到恰到好处，却不肯盲从附和。小人只是盲从附和，却不肯表达自己的不同意见。"

子路问曰："何如斯可谓之士矣？"子曰："切切偲偲（sī）偲，怡怡如也，可谓士矣。朋友切切偲偲，兄弟怡怡。"

子路问道："怎么做才能称为'士'呢？"孔子说："互相批评，和睦共处，可以称为'士'了。朋友之间，互相批评；兄弟之间，和睦共处。"

《宪问》篇章解读

　　《宪问》共有 44 章。在这一篇中，孔子评价了许多古代和春秋时期的人物，称赞了他们的品德，并与弟子们讨论了修身之道。

　　孔子敬重品德高尚的人。大禹、后稷（jì）亲自耕种，以德赢得了天下。管仲辅佐齐桓公，不动武力称霸诸侯，使天下匡正。孔子称赞这些人都是有仁德的人。

　　怎样才能成为一名仁德的君子呢？贫穷而无怨恨，富有却不骄傲，不贪图安逸，少说多做，用实力证明自己……

　　孔子以仁来要求自己和弟子。虽然孔子的朋友原壤经常做一些失礼的事，但孔子和他依旧是好朋友。

原壤的母亲去世了，孔子去帮忙。他正在埋头擦洗棺椁（guǒ），忽然听到"砰砰砰"的敲击声。

　　孔子吓了一跳，抬起头来，只见原壤拿着一根木头，一边敲着棺椁一边唱起了歌："棺木的花纹就像狸猫的头一样漂亮，轻轻握住你的手，你的手多么柔软……"

19

　　孔子默默放下擦洗棺椁的布，悄悄走了出去。

　　一名弟子听到歌声，生气地对孔子说："夫子，原壤的母亲去世了，他却在这个时候唱歌，真是太无礼了。您为什么不叫他停下来，跟这个无礼的人绝交？"

　　孔子叹息道："他的母亲去世了，他是因为想念母亲才唱歌呀，这怎么能说是无礼呢？再说了，普通百姓家里有人去世，我们都要尽心竭力去帮助，更何况他是我的老朋友。"

　　后来，又发生了一件事……

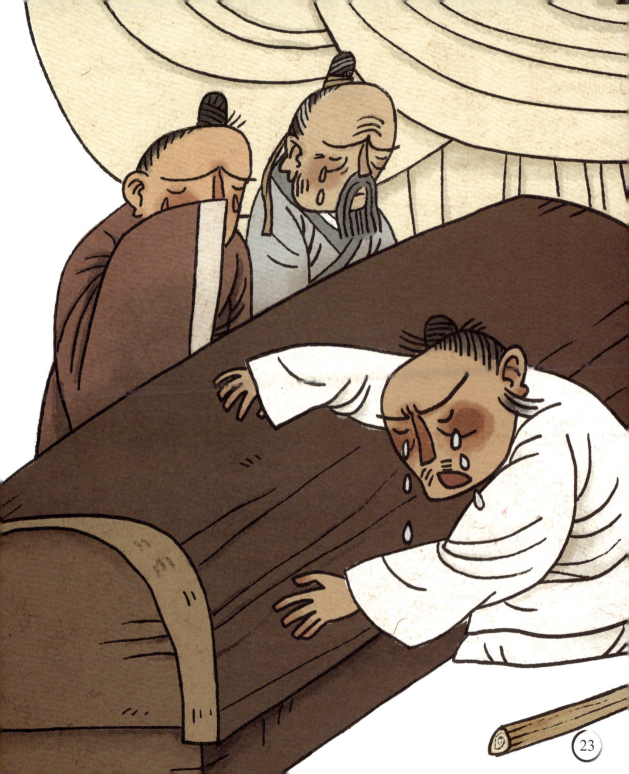

　　有一天，孔子提前下帖，说要来拜访原壤。可是，当他来到原壤家门口时，却没有看到原壤出来迎接。

　　孔子只好自己推开门，进了原壤家里。他更是大吃一惊，原壤竟然披头散发，敞着衣服，两条腿张成个大八字，歪歪斜斜地坐在几案前。

古时候，有人上门做客，主人不但要出门迎接，还要将头发束得一丝不乱，衣服穿得整整齐齐；席地而坐时，臀部要紧挨脚后跟，坐得端端正正。

原壤这个样子，真是太失礼了！

　　孔子走过去，抬起拐杖，轻轻敲了一下原壤的小腿，笑着骂道："你这个家伙，小时候不懂礼节，长大了没有成就，老了没有德行，真是个害人精呀！"

　　原壤听了，哈哈大笑。

　　他收起腿说道："咱们是几十年的老朋友了，何必像刚认识的人一样，一言一行都必须规规矩矩，讲究礼节，那多无趣呀！"

　　孔子听了，也哈哈大笑，像原壤一样坐下来。他们两个老朋友，就这样随意而快乐地谈起了天下大事。

必背名句

子曰："贫而无怨难，富而无骄易。"

孔子说："贫穷时很难做到没有怨恨；富贵时不骄横，则相对容易做到。"

子曰："君子耻其言而过其行。"

孔子说："说得多，做得少，君子以此为耻。"

子曰："不患人之不己知，患其不能也。"

孔子说："不着急别人不了解我，只着急自己没有能力。"

或曰："以德报怨，何如？"子曰："何以报德？以直报怨，以德报德。"

有人对孔子说："用善行和恩惠来回报恶行，怎么样？"孔子道："这样的话，那用什么来回报善行呢？所以说，要用公平正直来回报恶行，用善行来回报善行。"

子曰："幼而不孙弟，长而无述焉，老而不死，是为贼。"

孔子说："小时候不懂礼节，长大了没有成就，老了还白吃粮食，真是个害人精。"

人物记

宓子贱：春秋末期鲁国人，名不齐，孔子的弟子。著有《宓子》，已经失传。

阳昼：春秋时期的隐士。

后稷：传说中古代周族的始祖。周族人认为他教会了百姓种稷和麦，尊奉他为"百谷之神"。

管仲：春秋初期著名的政治家，齐桓公任命他为卿，尊称为"仲父"。他在齐国推行改革，大大增强了齐国的国力。

齐桓公：姓姜，名小白，齐国国君。春秋时期第一位霸主，"春秋五霸"之首。

知识拓展·子贡讨马

有一天，孔子和弟子们赶着马车出游。走着走着，马突然挣脱了缰绳，跑到地里，吃了农夫的庄稼。

农夫非常生气，就把马关了起来。

孔子便对弟子们说道："你们谁能把马要回来呀？"

子贡向来能言善辩，便自告奋勇地说："我愿意试一试。"他来到农夫家，满口之乎者也滔滔不绝，说了一大堆好话，可农夫却不理他，子贡垂头丧气地回去了。孔子说："拿最好的供品去供奉野兽，它也感受不到我们的诚意；请小鸟听最美妙的音乐，它也感觉不到音乐的动听。用别人听不懂的道理去说服他，当然不起作用了。咱们让马夫去试试吧！"

马夫来到农夫家，对他说道："老兄，你没有去过东海边种地，我以前也没来西海这边旅行，但东海和西海的庄稼长得都一样，马儿不知道它吃的是你的庄稼，都怪我们没有看好，也不是马的错，请你放了它吧！"

农夫见马夫与自己打扮相似，说话也亲切有理，十分痛快地把马还给了他。

太喜欢《论语》了!

KaDa故事/编著 毛红艳/编 韦明晶/绘

⑧ 卫灵公·季氏

中国农业出版社
北京

图书在版编目（CIP）数据

太喜欢《论语》了！．卫灵公·季氏 ／ KaDa故事编
著．— 北京 ：中国农业出版社，2023.6
ISBN 978-7-109-29805-7

Ⅰ．①太… Ⅱ．①K… Ⅲ．①儒家② 《论语》－少儿
读物 Ⅳ．①B222.2-49

中国版本图书馆CIP数据核字（2022）第141168号

中国农业出版社出版
地址：北京市朝阳区麦子店街18号楼
邮编：100125
责任编辑：靳文玲
书籍设计：刘彦博　　责任校对：吴丽婷　　责任印制：王宏
印刷：北京华联印刷有限公司
版次：2023年6月第1版
印次：2023年6月北京第1次印刷
发行：新华书店北京发行所
开本：787mm×1092mm　1/20
总印张：18
总字数：320千字
总定价：198.00元（全10册）

《卫灵公》篇章解读

　　《卫灵公》共 42 章。在本篇中，孔子多次讲到君子与小人的区别，教育弟子成为一名君子，以德来待人、治国。

　　君子在穷困时仍能固守正道，小人在穷困时就会胡作非为。君子总是严格要求自己，而小人却总是严苛要求别人。君子可以承担重大的使命，小人却只能做些小事。

　　君子要将眼光放得更长远。没有长远的考虑，一定会有眼前的忧患，多想一想将来可能发生的事情，遇到挫折时，就会多一份豁达、自信和智慧。

　　君子应当言行一致，说话忠诚守信，行为笃定恭敬。"言忠信，行笃敬"，如果能做到这六个字，做事就有底气。

　　孔子用言传身教的方式教育弟子，下面我们就来看看，他是怎样接待一位盲人乐师的吧！

春秋时期，人们非常重视礼乐。当时有一位
著名的乐师，名叫冕（miǎn），是位盲人。

　　冕很佩服孔子的音乐才能,想去拜访孔子,
与他一起讨论音乐礼仪方面的学问。

听说冕要来，孔子早早地就在门口等候他。

冕的马车来了，孔子急忙
快走几步迎上去，轻轻扶住他
的胳膊，慢慢地领着他往里走。

　　快上台阶时，孔子小声地提醒冕说："脚下有台阶，请您当心！"

　　冕听后，点点头，抬起腿，稳稳当当地走上了台阶。

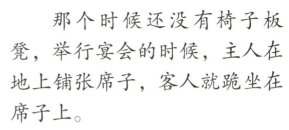

那个时候还没有椅子板凳，举行宴会的时候，主人在地上铺张席子，客人就跪坐在席子上。

孔子领着冕来到他的席位前，轻声告诉他："您脚下就是席子，这里是您的席位，可以坐下了。"

等大家都坐好后，孔子才向冕介绍说："您左手边坐的是子贡，右手边是子路，我就坐在您对面。"

冕听了，微笑着和大家打招呼，就好像能看见他们一样。

等到送走冕，弟子子张问孔子："夫子，您待冕这么细心，我们都要这样对待盲人乐师吗？"

　　孔子点头回答说：“当然。不仅要这样对待有职位的乐师，对待普通的盲人，也应当这样。更何况，冕还是我们的老师呢，这也是尊敬老师呀！”

　　从孔子接待盲人乐师这件事中，我们可以看出，
孔子对他人的细心和尊敬，这正体现了他的仁德之心。

必背名句

子曰："志士仁人，无求生以害仁，有杀身以成仁。"

孔子说："志士仁人，没有因贪生怕死而损害仁德的，却有牺牲自身来成全仁德的。"

子贡问为仁。子曰："工欲善其事，必先利其器。居是邦也，事其大夫之贤者，友其士之仁者。"

子贡问怎样去培养仁德。孔子说："工匠要想做好他的工作，一定要先把工具打磨锋利。我们住在一个国家，就要敬奉那些大官中的贤人，结交那些士人中的仁人。"

子曰："人无远虑，必有近忧。"

孔子说："一个人如果没有长远的考虑，一定会有眼前的忧患。"

子曰："君子求诸己，小人求诸人。"

孔子说："君子要求自己，小人苛求别人。"

子曰："巧言乱德。小不忍，则乱大谋。"

孔子说："花言巧语足以败坏道德。小事情不忍耐，就会扰乱败坏大事情。"

《季氏》篇章解读

　　《季氏》共有 14 章。在这一篇中，孔子从治国安邦讲到与人结交、兴趣爱好，他希望能用礼义仁乐来解决生活中遇到的各种问题。

　　在治国方面，孔子说，不怕贫穷而怕财富不均，不怕人口少而怕不安定。财富均衡就没有贫穷，和睦团结就能一致对外，境内安定，人们才能安居乐业。

　　在兴趣爱好方面，孔子认为，好的兴趣爱好可以指引人向上向善，增加知识储备，提高个人修养；不好的兴趣则有可能把人引上歧途，甚至堕（duò）入深渊。

　　在交友方面，孔子说，我们应该和三种人交朋友：正直的人，诚信的人，见多识广的人。

　　下面，我们来看一看，孔子是怎样交朋友的吧！

　　程子是春秋时期有名的贤士，孔子十分敬仰他，可惜一直没有机会见面。

　　有一次，孔子前往古郯（tán）国，路上遇到了一辆马车。孔子听说车里坐的是程子，他急忙拍着车夫的背说："快，掉转马头，追上那辆车。"

赶上程子的马车后，孔子撩（liāo）起车帘，喊道："请问车里坐的是程子吗？"程子听到喊话，也撩起了车帘。

　　两个人车盖挨着车盖，像老朋友一样，坐在各自的马车里，开心地聊了起来。

聊了一会儿，孔子兴奋地回过头来对子路说："子路，你赶紧去另一辆车里拿束帛（bó）来，送给程先生作见面礼。"

古时候，两个读书人初次见面，都要先送上见面礼。只有对方收下了见面礼，这两个人才算真正成了朋友。

子路见孔子与程子第一次见面就聊得没完没了，非常不高兴。他扭头看向一边，假装没有听到孔子的话，一动也不动。

孔子对子路说完话，又转过头来与程子聊天，并没有注意到子路不高兴。

过了一会儿，孔子又回头对子路说："你到车里去拿束帛来，送给程先生。"

子路噘（juē）着嘴，没好气地说："我听夫子您说过，只有经过中间人介绍，两个读书人才能做朋友。这是基本的礼仪，您为什么不遵守呢？"

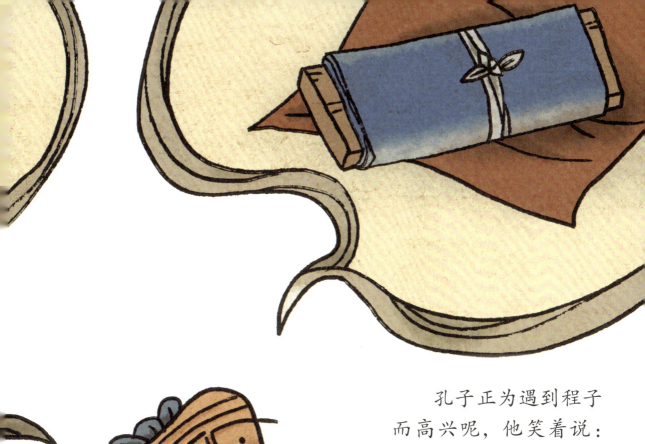

孔子正为遇到程子而高兴呢，他笑着说："程子是闻名天下的贤士，我能和他在此相遇，真是幸运呀！我想用束帛作为见面礼，和他结交为志同道合的朋友。如果错过这次机会，以后恐怕就再也见不到他了！"

"好不容易才交到这样的朋友，没有中间人介绍这种小事，就不用放在心上了！"孔子不在意地对子路说道。

真没想到，为了结交程子这位朋友，孔子连自己最重视的礼都能抛到脑后呀。子路只好去取了束帛，恭恭敬敬地送给了程子。

必背名句

孔子曰："益者三友，损者三友。友直，友谅，友多闻，益矣。友便辟，友善柔，友便佞（nìng），损矣。"

孔子说："有益的朋友有三种，有害的朋友有三种。同正直的人交朋友，同诚信的人交朋友，同见闻广博的人交朋友，这是有益的。同谄（chǎn）媚奉承的人交朋友，同当面恭维而背后毁谤（bàng）的人交朋友，同夸夸其谈的人交朋友，这是有害的。"

孔子曰："益者三乐，损者三乐。乐节礼乐，乐道人之善，乐多贤友，益矣。乐骄乐，乐佚（yì）游，乐宴乐，损矣。"

孔子说："有益的快乐有三种，有害的快乐有三种。以得到礼乐的调节为快乐，以宣扬别人的好处为快乐，以交了不少有益的朋友为快乐，这是有益的。以骄傲为快乐，以游荡忘返为快乐，以饮食荒淫为快乐，便是有害了。"

孔子曰："侍于君子有三愆（qiān）：言未及之而言谓之躁，言及之而不言谓之隐，未见颜色而言谓之瞽（gǔ）。"

孔子说："陪着君子说话容易犯三种过失：没轮到他说话却先说，叫作急躁；该说话了却不说，叫作隐瞒；不看君子的脸色便贸然说话，叫作莽撞。"

人物记

卫灵公：春秋时期卫国国君。

师冕：师，乐师。冕，是这位乐师的名字。春秋时期，乐师大多都是盲人。因为盲人的听觉比较好，古人认为，他们能够不受外界干扰，真正用心地聆听和理解乐曲。

季氏：春秋时期鲁国的贵族，后来执掌了鲁国政权。

子贡：春秋末期卫国人，端木氏，名赐，孔子的弟子。子贡才思敏捷，善于辞令，还非常擅长经商，是孔子弟子中的首富。"端木遗风"指的就是子贡遗留下来的诚信经商的风气。

程子：春秋时晋国人，名本，字子华，先秦诸子之一。

知识拓展·君子救急不济富

　　孔子有一名弟子叫公西赤。有一次，公西赤出使齐国，家里只剩下母亲一个人。孔子的另一名弟子冉有便向孔子请求说："夫子，能不能送一些小米给公西赤的母亲？"

　　孔子听了就说："那就给她送六斗四升吧！"

　　冉有觉得有点儿少，又说道："公西赤这次要出去很长时间呢，夫子，您看是不是再多给一些？"

　　"那就再添两斗四升！"孔子说完，便闭目养起神来。

　　冉有心想：夫子也太小气了吧，那么点儿小米，够吃几天呀？于是他自作主张，送给公西赤的母亲八百斗小米。

　　孔子知道了这件事后，语重心长地对冉有说："公西赤这次出使齐国，乘坐的是膘肥体壮的好马，穿的是又轻又暖和的皮袍，可见他的家里并不穷。我们应该用钱财和粮食，帮助那些有紧急需求的穷人，而不应该给富人添富呀！"

　　冉有听了，惭愧地低下了头。

太喜欢《论语》了！

KaDa故事/编著　毛红艳/编　韦明晶/绘

9

阳货·微子

中国农业出版社
北京

图书在版编目（CIP）数据

太喜欢《论语》了！．阳货·微子 ／ KaDa故事编著
．— 北京 ：中国农业出版社，2023.6
ISBN 978-7-109-29805-7

Ⅰ．①太… Ⅱ．①K… Ⅲ．①儒家②《论语》－少儿
读物 Ⅳ．①B222.2-49

中国版本图书馆CIP数据核字（2022）第141169号

中国农业出版社出版
地址：北京市朝阳区麦子店街18号楼
邮编：100125
责任编辑：靳文玲
书籍设计：刘彦博　　责任校对：吴丽婷　　责任印制：王宏
印刷：北京华联印刷有限公司
版次：2023年6月第1版
印次：2023年6月北京第1次印刷
发行：新华书店北京发行所
开本：787mm×1092mm　1/20
总印张：18
总字数：320千字
总定价：198.00元（全10册）

《阳货》篇章解读

　　《阳货》共有 26 章。在这一篇中，孔子再次论述了什么是仁德，并阐述了用礼乐治国的主张。

　　孔子说，只要做到了恭敬、宽容、诚信、勤敏、慈惠这五点，就能称得上是真正的仁者了。除了赞扬这些好的品德，他还批评了几种不好的品行，比如：外表严厉却内心怯懦（nuò）；不分是非做个好好先生；把路上听来的不知真假的消息四处传播，等等。

　　孔子认为，仁德主要靠后天教育而养成。人刚出生的时候，本性是相近的，只是因为成长的环境不同，受到的教育不同，品性才有了差别。

　　孔子曾经说过，孝顺父母、友爱兄弟是求仁的根本，做不到这两点，就不可能成为真正的仁者。

　　下面我们一起去看看，孔子的弟子子路孝敬父母的故事吧。

子路年轻的时候，家里
很穷。为了奉养父母，他拼
命地干活儿，可还是挣不到
多少钱。

家里经常吃野菜和杂粮，好在子路年轻，身体没事，可他的父母上了年纪，身体越来越差了。

于是，子路每次挣到钱后，就
会到镇上给父母买些米吃。

镇子离子路家有上百里，买一次米，来回需要两三天。去的时候两手空空走得很快；可回家的时候，身上背着沉沉的米袋就很辛苦了。

　　冬天，天上飘起了鹅毛大雪。子路背着米袋的双手露在外面，冻得又红又肿。他小心翼翼地踏过河面上的冰，一步一滑地往前走。

夏天，太阳像个大火球挂在天上，烤得子路汗流浃（jiā）背。可为了早点回家让父母吃上米饭，他一刻也不肯休息。

"轰隆——"一阵雷鸣，豆大的雨点从天上掉下来。子路把米袋紧紧抱在胸前，他宁愿自己淋雨也不想让大雨淋湿米袋。

虽然父母有子路的精心照料，但由于身体不好，他们还是离世了。

后来，子路的才干闻名天
下，楚王请他到楚国做官。

　　楚王给子路的俸（fèng）禄（lù）非常高。子路出行跟随的车马有上百辆，家里的粮食有上万石（dàn），吃的饭菜也很丰盛，可他却常常怀念以前吃野菜、为父母背米的日子。

　　捧着香喷喷的米饭，子路含泪唱了一首歌："绳上的干鱼，被虫子蛀食；父母的寿命，像眨眼一样短暂。

　　草木要生长，可是严霜寒露相摧残；贤德之士要奉养双亲，可是双亲却等不到儿子功成名就那一天。"

　　子路想孝顺父母，可父母却早早地去世了，他是多么伤心呀！

必背名句

子曰："色厉而内荏（rěn），譬（pì）诸（zhū）小人，其犹穿窬（yú）之盗也与？"

孔子说："面容严厉，内心怯弱，若用小人作比喻，怕像个挖洞跳墙的小偷吧？"

子曰："道听而涂说，德之弃也。"

孔子说："从道路上听闻又在道路上传播，这种人是抛弃道德的人。"

子曰："鄙夫可与事君也与哉？其未得之也，患得之。既得之，患失之。苟（gǒu）患失之，无所不至矣。"

孔子说："鄙野的人，难道能同他一起事奉君王吗？当他没有得到利的时候，生怕得不着；已经得着了，又怕失去。假若总是怕失去，那就没有什么事情不敢做的了。"

子曰："饱食终日，无所用心，难矣哉！不有博弈（yì）者乎？为之，犹贤乎已。"

孔子说："整天吃饱了饭，什么事也不做，是不行的呀！不是有掷采下棋之类的游戏吗？游戏也比闲着好。"

《微子》篇章解读

　　《微子》共有 11 章，主要记录了孔子对古代先贤的评价，以及他和弟子周游列国时的见闻与言行。

　　孔子十分敬佩古代先贤，也想像他们一样得到重用，把国家治理得繁荣昌盛。可是春秋时期，因为各国诸侯都不听周天子的命令，天下大乱，许多有才能的人，宁肯不做官，过隐居的生活，也不愿改变自己的志向。孔子尊重他们的选择，但也认为，在这个时候，有才学的人更应该承担起兴国安邦的责任，把国家治理好。他说：我跟他们不一样，这也没什么不可以的。

　　孔子带着弟子周游列国，寻求施展抱负的机会。一路上，他们遇到了许多隐士。

　　下面，我们就去看一个孔子与隐士的故事吧！

有一天，孔子带着弟子从楚国到蔡国去，路上被一条大河挡住了。东张张，西望望，河上一座桥也没有，看来只能坐船过河了。可是，渡口在哪里呢？

　　河边有一块庄稼地，地里有两个人正在耕田。这两个人虽然穿着粗布麻衣，但是衣服干干净净，干活儿也不急不躁。

　　孔子在旁边观察了一会儿，对子路说道："这两位可能是隐士，你去向他们打听一下吧！"

子路走到田边，深深施了一礼，向其中一个人问道：“大叔，请问离这里最近的渡口在哪里？”

　　孔子观察得没有错，这两个人真的是隐士，他们一个叫长沮（jǔ），一个叫桀（jié）溺（nì）。子路问的这个人，正是长沮。

　　长沮停下手中的活，指着孔子问道："那个拉着马缰绳的人是谁呀？"

　　子路回答说："是我们的夫子孔丘。"

　　"哦，是鲁国的那个孔丘吗？"长沮好奇地问。

　　子路点头说："是的。"

长沮笑了笑，说："孔丘周游列国，他应该知道渡口在哪儿呀。"

　　这时，旁边的桀溺也停了下来，问子路道："你叫什么名字呀？"

　　子路恭恭敬敬地说："我叫仲由。"

　　桀溺上下打量了子路一会儿，又问："你是孔丘的弟子吗？"

　　子路点了点头。

桀溺摇着头，叹了口气说："现在的天下，就像洪水泛滥一样，到处都乱糟糟的，谁改变得了呢？你呀，与其跟着孔丘到处躲避坏人，还不如跟着我们一起隐居，躲开这个乱世呢！"

　　说完，他和长沮继续埋头干活儿，再也不理子路了。

子路见问不出渡口在哪里，便转身回去，把他们的话告诉了孔子。

　　孔子低下头说："我们不可能住到山林里，与飞禽走兽为伍。不与人打交道，怎么治理这个乱世呢？如果天下太平，我也不想四处奔波呀！"

　　子路默默地牵过马，他们沿着河岸，继续寻找渡口去了。

必背名句

楚狂接舆〔yú〕歌而过孔子曰："凤兮凤兮！何德之衰？往者不可谏，来者犹可追。已而，已而！今之从政者殆〔dài〕而！"

楚国的狂人接舆一面走过孔子的车子，一面唱着歌道："凤凰呀，凤凰呀，为什么这么倒霉？过去的不能再挽回，未来的还来得及改正。算了吧，算了吧！现在那些从政的人危险呀！"

子曰："不降其志，不辱其身，伯夷、叔齐与！"谓："柳下惠、少连，降志辱身矣，言中伦，行中虑，其斯而已矣。"谓："虞仲、夷逸，隐居放言，身中清，废中权。我则异于是，无可无不可。"

孔子说："不动摇自己的意志，不辱没自己的身份，是伯夷、叔齐吧！"又说："柳下惠、少连降低自己的意志，屈辱自己的身份，但言语合乎法度，行为经过思虑，那也不过如此罢了。"又说："虞仲、夷逸逃世隐居，放肆直言，行为廉洁，被废弃也是他们的权术。我就和他们这些人不同，没有什么可以，也没有什么不可以。"

人 物 记

阳货：又叫阳虎，季氏的家臣。春秋时期，季氏把持着鲁国的国政，而阳虎则把持着季氏的家政。

微子：商纣王的哥哥。他多次劝谏纣王，纣王不听，只好逃了出去。周武王灭商时，微子带着宗庙的礼器投降，周武王恢复了他的爵位。他的封地在商朝的旧都商丘，国号为宋。

伯夷、叔齐：商朝末期孤竹国国君的两个儿子。武王伐纣时，他们认为周武王不仁不孝，攻打商朝是以暴易暴，拦马劝谏。商朝被灭后，他们不愿意做周朝的臣子，便隐居在首阳山，采野菜吃，后来因饥饿而死。

知识拓展·杀鸡焉用牛刀

　　孔子的弟子子游在武城做县令时，非常重视教育，城里学习礼乐的人很多。

　　有一天，孔子带着弟子来到了武城。子游接到消息，连忙出城迎接。他们一行人走在街道上，忽然，路边的院子里传出了一阵动听的音乐，还有人和着乐声唱歌。

　　孔子听了一会儿，微微一笑，说："杀鸡，何必用宰牛的刀呢？现在许多大国都不怎么重视礼乐，治理武城这么个小地方，还用得着靠礼乐来教化百姓吗？"

　　子游恭敬地回答道："夫子，我以前听您说过，做官的人学习了礼乐，就知道怎么爱护百姓；百姓学习了礼乐，就容易听指挥，服从管理。不管怎么说，教化总是有用的呀！"

　　孔子听了哈哈大笑，扭头对其他弟子说："大家听到了吗？子游这话说得好呀！我刚才不过是跟他开玩笑罢了。"

太喜欢《论语》了!

10

子张·尧曰

KaDa故事/编著　毛红艳/编　韦明晶/绘

中国农业出版社
北京

图书在版编目（CIP）数据

太喜欢《论语》了！．子张·尧曰／KaDa故事编著
．— 北京 ：中国农业出版社，2023.6
ISBN 978-7-109-29805-7

Ⅰ．①太… Ⅱ．①K… Ⅲ．①儒家②《论语》－少儿
读物 Ⅳ．①B222.2-49

中国版本图书馆CIP数据核字（2022）第141167号

中国农业出版社出版
地址：北京市朝阳区麦子店街18号楼
邮编：100125
责任编辑：靳文玲
书籍设计：刘彦博　　责任校对：吴丽婷　　责任印制：王宏
印刷：北京华联印刷有限公司
版次：2023年6月第1版
印次：2023年6月北京第1次印刷
发行：新华书店北京发行所
开本：787mm×1092mm　1/20
总印张：18
总字数：320千字
总定价：198.00元（全10册）

《子张》篇章解读

　　《子张》共有 25 章，主要记录孔子弟子的言论，其中既有谈论学习的，也有讲个人修养、为政之道的。

　　各行各业的工匠们在作坊里学习技能，完成自己的工作。君子也要通过学习才能明白道理。怎样学习呢？孔子的弟子子夏说，博览群书，广泛学习，多背强记，提出疑问，多加思考是学习的好方法。

　　孔子认为，胸怀天下的君子，不仅要学专业的知识，还要有崇高的理想，眼光应该更加长远，在努力提高自身修养的同时，多学为政之道，并将学到的知识和道理运用到实践中去。

　　因为接受了孔子的教导，许多弟子都取得了不小的成就。下面我们就去看看，孔子是怎样教育出这些优秀弟子的吧！

　　有一天，一个年轻人来求见孔子，希望拜他为师。
　　孔子见这个年轻人诚恳稳重，好像是一位贵族公子，便好奇地问道："你叫什么名字，家住哪里？"
　　年轻人深深作揖（yī），回答道："我姓冉，名雍（yōng），字仲弓，家住在郊外。"

春秋时期，住在郊外的人身份都很低，但是孔子见冉雍对人彬（bīn）彬有礼，举止落落大方，便收下了他做弟子。

其他弟子听说后，都看不起冉雍。他们不跟冉雍说话，买到好书也不肯借给他看。冉雍心里很难受，孔子却只在一边默默看着，并不去安慰他。

春天，孔子和弟子们去踏青。

孔子亲自驾着马车，把弟子们带到了一个山清水秀的小村庄。村庄前有一条清澈的小河，河边的草地上，一头小牛正在低头吃青草。

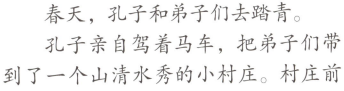

　　一名弟子高兴地指着小牛喊道："夫子，您看那头小牛多漂亮呀，毛色赤红，一点杂色都没有，两只牛角虽然才冒出来，但是长得端端正正。这是不是就是您说的，可以用来祭祀山神的牛呀？"

　　孔子微微一笑，有些惋惜地说："是呀，这头小牛长得很好，可惜它的父母是耕牛，血统不够高贵，不能用来祭祀呀！"

　　"血统有什么关系呢，又不是用它的父母来祭祀。"一名弟子抢着说道。

　　孔子点头道："对呀，血统有什么关系呢！出身低的人也能行事光明、心地善良，怎么能用出身来判定一个人的品行呢？就像这头小牛，难道就因为它是耕牛的孩子，山神就不享用它了吗？"

弟子们听了，知道孔子是在批评他们对冉雍的态度，一个个都羞愧地低下了头。

　　孔子就是这样用一头小牛，巧妙地教育了弟子们：判断一个人值不值得尊重要看他的品行，而不是出身。

必背名句

子夏曰："日知其所亡，月无忘其所能，可谓好学也已矣。"

子夏说："每天知道以前所不知道的知识，每月不忘以前所学会的知识，这可以说是好学了。"

子夏曰："博学而笃（dǔ）志，切问而近思，仁在其中矣。"

子夏说："广泛地学习，坚守自己的志趣；恳切地发问，多考虑当前的问题，仁德就在这中间了。"

子夏曰："大德不逾闲，小德出入可也。"

子夏说："人的重大节操不能逾越界限，作风上的小节稍稍放松一些是可以的。"

子夏曰："仕而优则学，学而优则仕。"

子夏说："做官了，有余力便去学习；学习了，有余力便去做官。"

子贡曰："君子之过也，如日月之食焉：过也，人皆见之；更也，人皆仰之。"

子贡说："君子的过失好比日食和月食：错的时候，每个人都看得见；更改的时候，每个人都敬仰他。"

《尧曰》篇章解读

　　《尧曰》是《论语》的最后一篇，共 3 章，主要记录了古代圣贤的言论，并对孔子的治国思想做了总结。

　　本篇第一章就讲到尧、舜、禹禅让帝位的故事，还引用了商汤的祭文。孔子赞扬了这些圣贤爱护百姓、施行善政的美德，还谈了自己治国安邦的理想。

　　孔子认为，官员只要做到了以下五点就能治理好国家：使百姓得到好处却不破费，使百姓劳作却无怨言，有正当的欲望却不贪求，泰然自处却不骄傲，庄严有威仪而不凶猛。

　　官员对百姓不加教育便杀戮（lù），叫作虐；不加申诫便要求百姓做出成绩，叫作暴。孔子认为，这都是恶政。下面我们去看看，孔子做官的时候是怎样治理鲁国的吧！

孔子在鲁国做大司寇（kòu）的时候，有一对父子吵吵嚷嚷来打官司。

父亲大骂儿子："你跟自己的父亲吵架，真是个不孝子呀！"

儿子却扭过头不看父亲，嘴里嘟哝道："哼，你年纪大了，老糊涂了！"

孔子见他们互不相让，便将他们一起关进了牢房，既不审理，也不判决。

　　牢房里吃的饭常常是馊（sōu）的，睡觉没有床，只能睡在地上的草窝里，又冷又硬，还有跳蚤（zǎo）在草里跳来跳去，咬得人浑身都是包。

在牢房里吃不好睡不好，很快儿子就瘦了一大圈。

父亲见儿子浑身脏兮兮，没精打采地坐在牢房的角落里，再也不像以前一样生龙活虎，精神十足，不禁后悔起来："唉，我不应该把儿子告到衙门里来呀！"不久，父亲就病倒了。

儿子看见父亲生病，心里也是又着急又后悔："父亲生我养我，我却不孝顺他，害得他被关进了牢房，真是太对不起他了呀！"

　　他哭着向父亲认了错，又细心地照顾着父亲。父亲见儿子知错了，就向孔子请求，不要审判儿子了。孔子便将他俩都放出了牢房。

　　鲁国的执政官季氏听说这事后，生气地说："这个大司寇骗我呀！过去他跟我说，要治理好国家，一定要把孝道摆在第一位。如今，我们杀一个不孝的儿子来教育百姓要对父母尽孝，这样不是很好吗？可他却把人放了，这是为什么？"

　　孔子的弟子冉有把季氏的话告诉了孔子。孔子长叹了一声，说："军队打了败仗，不能用杀士兵的方法解决问题；百姓犯错，不能用滥杀的方法来制止他们。我们应该先给百姓讲道理，让他们明白什么是对什么是错，再给他们树立个好榜样。如果这都不行，才能使用刑罚呀！"

　　孔子就这样一边教化百姓，一边用刑罚惩处那些不知悔改的坏人。三个月后，鲁国的社会风气就发生了很大变化：商贩再也不敢弄虚作假，胡乱涨价了；妇女们勤劳纺织；老人们高兴地逗弄孙子；邻居见了面热情地打招呼；就连掉在地上的东西，也没有人捡起来占为己有了。

必背名句

子张问孔子曰："何如斯可以从政矣？"

子曰："尊五美，屏（bǐng）四恶，斯可以从政矣。"

子张曰："何谓五美？"

子曰："君子惠而不费，劳而不怨，欲而不贪，泰而不骄，威而不猛。"

子张向孔子问道："怎样才可以治理政事呢？"

孔子说："尊重五种美德，排除四种恶政，这样就可以治理政事了。"

子张问："五种美德是些什么？"

孔子说："君子要给百姓以恩惠而自己却无所耗费；使百姓劳作而不使他们怨恨；要追求仁德而不贪图财利；庄重而不傲慢；威严而不凶猛。"

子曰："不知命，无以为君子也；不知礼，无以立也；不知言，无以知人也。"

孔子说："不懂得天命，就不可能成为君子；不懂得礼，就没有办法立身处世；不善于分辨别人的话语，就不能了解他。"

人 物 记

汤，名履，也称"武汤""武王""天乙""成汤""成唐"，在甲骨文中称为"唐""太乙"，或"高祖乙"。

汤最初是商族的首领，臣服于夏朝，因为善待百姓，天下诸侯纷纷来归附。

商族陆续灭掉了葛、韦、顾、昆吾等国，历经11次出征，成为当时的强国。大约在公元前1600年，汤发动了鸣条之战，彻底灭亡了夏。

在三千诸侯大会上，大家推举汤做了天子，建立了商王朝。

灭夏后，汤在位13年。

知识拓展·子罕哭卫士

春秋时期，晋国想攻打宋国。晋侯便派出了一名探子，刺探宋国的国情。

探子来到宋国，刚巧遇到宋国一名守城门的士兵去世了。探子看到，宋国的执政官子罕不仅亲自到他的灵堂祭奠（diàn），而且痛哭流涕，非常伤心。

探子很受感动。他返回晋国，禀告晋侯说："子罕祭奠守城门的士兵，哭得很伤心，百姓都被深深地感动了。现在恐怕不能去攻打宋国呀！"

孔子听说了这件事后感叹道："这名探子真善于观察啊！宋国有了子罕这样深得民心的官员，不要说是晋国，全天下都不敢与他为敌。所以古代史官才说'百姓喜欢同情爱护他们的人，这样的人不可抵挡呀！'"